KB153300

인생을
마음대로 바꾼다
These truths can change your life

인생을
마음대로 바꾼다

These truths can change your life

조셉 머피 지음 / 미래경제연구회·이선종 옮김

도서출판 선영사

새로운 인생을 시작하고 싶은 분들에게

내 인생을 마음대로 바꿀 수는 없을까?

당신이 만일 마음속에 이러한 생각을 품고 있다면 당신은 반드시 이 책을 주의 깊게 읽어야만 한다. 이 책은 왠지 자기 자신의 인생이 마음에 들지 않는, 불만족스런 사람들을 위해 씌어졌기 때문이다. 따라서 현재 당신이 충분히 부유하고, 건강하고, 더할 나위 없이 행복한 삶을 누리고 있다고 생각한다면 이 책은 당신에게 필요치 않다. 이 책은 변화를 꿈꾸는 자들을 위해 씌어졌기 때문이다.

이 책 속에는 당신의 인생을 변하게 하는 마법과도 같은 방법이 제시되어 있다. 다시 말해 기적이라고 할 만한 이야기들이 가득 차 있다.

기적이란 우리가 알지 못하는 그 어떤 미지의 힘에 의해 일어나는 작용을 말한다. 그러나 당신이 이 책을 읽고 무엇인가를 깨닫는 순간 적어도 당신에게 있어서 그것은 이미 미지의 힘이 아니다.

만일 우리가 전기電氣에 대해 알지 못한다면, 우리는 전기의 신비한 힘을 일컬어 기적이라고 말할 것이다. 그러나 오늘날 우리는 전구의 환한 불이

켜지는 순간, '아, 기적이 일어났다!' 하고 감탄하지는 않는다. 우리는 전기의 힘에 대해 너무도 잘 알고 있기 때문이다.

우리 인간의 마음에 대해 한번 생각해 보자.

기쁘고, 슬프고, 억울하고, 화가 나고, 괴롭고, 시원하고, 춥고, 차갑고, 덥고, 뜨겁고, 아프고, 가렵고, 맵고, 짜고…….

이러한 모든 감각들은 우리의 오감을 통해 정신 속에서 이루어지고 있다.

그럼에도 불구하고 우리는 마음속에서 작용하고 있는 정신이나 마음에 대해 잘 알지 못한다. 그렇다고 속 시원하게 정신이나 마음을 밖으로 꺼내 직접 눈으로 확인할 수도 없다. 하지만 체념한 채 그냥 접어 둘 수도 없다.

이 문제에 대한 해답을 우리는 이 책에서 얻을 수 있다.

머피 박사는 이 책에서 어려운 정신분석학을 가르치지는 않는다. 어떻게 하면 당신이 당신의 정신을 효과적으로 이용하여 인생을 보다 더 성공적으로 이끄느냐를 가르칠 뿐이다.

따라서 이 책은 누구라도 쉽게 읽고 이해할 수 있도록 씌어졌다. 머피 박사가 제시하고 있는 정신 법칙을 잘 활용하기만 하면 당신은 분명 인생에서 기적과도 같은 성공을 거둘 수 있으리라 확신한다.

우리의 내면에는 기적과도 같은 일을 일으킬 수 있는 놀라운 힘이 숨겨져 있기 때문이다.

이 책은 당신의 마음속에 내재되어 있는 마법과도 같은 잠재의식을 어떻게 사용해야만 당신이 인생에서 성공할 수 있는지에 대해 흥미 진진한 실례들을 통해 상세하게 씌어져 있다. 잠재의식을 이용하여 사형을 면하게 된 사람, 위궤양이나 천식 같은 고질병을 고친 사람, 그리고 엄청난 부자가 된 사람들에 대해 흥미 진진하고 유익한 이야기들로 가득 차 있다.

이 책에 실린 실례들을 당신이 긍정적인 마음으로 하나하나 읽고 실천에 옮긴다면 당신은 점점 변화되어 가는 자신을 느낄 수 있을 것이다. 당신이 병자라면 병에서 해방될 수 있을 것이고, 가난하다면 부자가 될 수 있을 것이며, 어떠한 이유로든 불행한 삶을 살아가고 있다면 당신은 행복을 맛볼 수 있게 될 것이다.

이 세상에서 정신의 힘처럼 위대한 것은 없다. 당신의 주위를 보라. 무엇이 보이는가? 으리으리한 빌딩이 보이는가? 번쩍번쩍 빛나는 자동차가 보이는가?

이러한 것들은 어디에서 나왔는가. 하늘에서 그냥 뚝 떨어진 것인가? 아니다. 바로 우리의 정신 속에서 고안되어 나온 것들이다. 다시 말해, 정신의 산물인 것이다.

이처럼 당신이 바라는 것은 언제나 당신의 정신 속에서 나오는 것이다. 보이지 않는 당신의 정신이 눈으로 볼 수 있는 빌딩도 자동차도 만들어 내는 것이다. 따라서 당신이 행복을 추구할 때 행복은 당신의 것이 될 수 있지만, 자신이 불행하다고 생각하면 당신은 평생 그러한 불행에서부터 벗어날 수 없다.

항상 좋은 것만 생각하자. 나쁜 것은 아예 마음속에서 지워버리도록 하자. 그러나 쉽지는 않을 것이다. 그것이 쉬운 일이라면 왜 굳이 머피 박사가 이렇게 여러 권의 책을 통해 그것을 설명하겠는가.

머피 박사가 이 책에서 강조하는 것이 무엇인지 깨닫고 잠재의식에 제대로 활용할 수만 있다면 당신의 인생은 이미 성공한 것이나 다름이 없다.

아무리 명약이라 해도 그것을 먹었을 때 비로소 그 명약의 효력을 볼 수 있는 것처럼, 머피 박사의 성공 법칙이 아무리 훌륭해도 그것을 읽고 당신의 잠재의식에 활용하지 않는다면 아무런 효과를 거둘 수 없다. 머피 박사가 여기에서 제시하는 하나하나의 예를 당신의 인생에 적용할 때 당신의 인생은 분명 기적과도 같은 변화를 맛보게 될 것이다. 인생은 정성껏 가꾸는 자만이 성공할 수 있기 때문이다.

삶의 변화를 갈망하는 이들에게 놀라운 기적이 일어나길 진심으로 기도한다.

옮긴이

당신이 원하는 대로
당신의 인생을 바꿀 수 있다

　　이 책은 당신의 인생에 마치 마법처럼 불가사의한 힘으로 도움을 줄 것이다.

　마법이란, 마력으로 불가사의한 일을 가능하게 하는 술책을 말한다.

　마법이란, 우리가 잘 알지 못하는 불가사의한 힘을 이용해 어떤 효과를 얻으려는 것이다. 미지未知의 힘, 알지 못하는 어떤 작용이라 할지라도, 그것을 터득한 사람, 이미 알고 있는 사람이 있다고 생각할 수는 있다.

　이미 터득한 사람에게는 마법이 될 수 없지만, 아직 깨닫지 못한 사람에게는 그것이 마법으로 생각될 것이다.

　그러므로 마법이란 상대적인 것이라고 할 수 있다.

　이를테면, 지금 당신의 주변에는 라디오·텔레비전·오디오 등이 있다.

　그것들의 배선配線이나 전기 회로는 어떻게 되어 있는가?

　이런 사항들은 전문적인 지식이 없는 사람은 잘 모른다.

　그러나 당신이 스위치를 누르기만 하면 라디오 소리가 들리고, 텔레비전도 볼 수 있다. 그렇다고 해서 그것을 마법의 힘이라고 생각하지는 않을 것이다.

하지만 만일 이러한 것을 200년 전 사람들에게 보인다면 반드시 마법의 힘이라고 생각할 것이다.

근본이 되는 모든 힘은, 그 본질적인 것은 의외로 알려지지 않은 것이다.

우리는 날마다 기쁘거나 슬프고 화를 내지 않으면 웃거나 괴로워한다. 이런 것들은 모두 정신과 마음의 작용에 의한 것이다.

그럼에도 불구하고 우리는 정신이나 마음이 무엇인지 잘 모르고 있다. 정신이나 마음을 꺼내어 직접 눈으로 살펴보거나 현미경으로 볼 수는 없다.

그러나 그것이 어떤 식으로 작용하는지 엿볼 수는 있다. 또한 관찰을 통해서 그것이 어떤 법칙에 의해 작용하는지 알아낼 수도 있다. 그리고 그 법칙을 잘 이용함으로써, 마침내 우리는 행복·자유·마음의 평화를 완전한 자기의 소유로 만들 수 있다.

우리의 내면에는 그러한 놀라운 힘이 숨겨져 있다.

자신에게 잠재된 마법 같은 힘을 이용하는 방법

예를 들면, 우리는 전기電氣에 대해 자세히는 모르지만, 텔레비전을 보거나 전화를 걸고 전기솥으로 밥을 지을 수가 있다.

그러나 그곳에 전기가 어떻게 작용하는지는 잘 모른다.

게다가, 전기에 관해 우리가 모르는 것은 너무나도 많다. 그러니까 실생활에 있어서 우리는 날마다 마법을 쓰고 있는 셈이다.

예컨대, 우리는 의지의 힘에 의해 손가락을 움직이거나 팔을 들어올릴 수도 있다.

그러나 그렇게 할 수 있는 원인에 대해서는 전혀 모른다고 말 할 수 있다.

그러므로 마법이라는 말은 평소에 그다지 쓰여지지 않지만, 우리는 일상생활을 마법의 힘으로 하고 있다고 말할 수 있다.

때문에 마법이란 우리에게는 이해하기 힘든 익숙하지 못한 현상들의 총칭이라고 말할 수있다.

그런데 당신에게는 정신과 마음이 있다.

그러므로 이 책에서 한층 효과적으로 당신 자신의 정신과 마음을 이용할 수 있는 방법을 배우도록 하자.

　그러면 당신의 생활에는 틀림없이 불가사의한 일이 일어날 것이다.

　이 책은 분명히 당신의 인생을 바꾸어 놓는다

　이 책은 당신의 전 인생에 걸쳐서 변화의 열쇠를 주는 데 기여할 것이다.

　이 책은 당신을 위해 씌어졌다.

　이 책에 나오는 15개의 장章에는 당신의 가슴 속에 간직되어 있는 마법의 힘을 사용하는 과정과 기술이 간단하고도 실제적으로 도움을 줄 수 있도록 씌어져 있다.

　마법의 힘은, 당신 자신의 마음속에 있는 일반적인 것이며, 당신에게 건강·행복·번영·만족감과 충족감을 안겨 준다.

　이 15개의 장章에는, 인간이 마음속에 간직되어 있는 마법의 힘을 어떻게 이용했는지에 대해 씌어져 있다.

교수형에서 구제를 받은 사람도 있으며, 위궤양이나 천식을 고친 사람도 있다. 그리고 잠재의식을 잘 이용하여 억만 장자가 된 흥미 있는 이야기로 가득 차 있다.

이처럼 마력적인 이야기를 읽어 가는 동안, 당신은 여기에 소개된 사람들이 마음속에 있는 마법의 힘을 이용해서 굉장한 일을 이루어 내는 것을 실제로 보는 듯한 느낌을 받을 것이다.

이 책은 당신 자신을 마음 깊은 곳으로부터 바꾸어 가는 방법을 가르치고 있다.

마법의 힘은 바로 당신 자신에게 있다.

갖가지 일화나 해설은 당신에게 그 마법의 힘을 어떻게 발견 하고 어떤 방법으로 이용할 것인지 알게 해 준다.

그 어떤 문제도 이 책은 해결한다

여기에는 온갖 문제에 대한 해답이 실려 있다.

당신이 직면하고 있는 곤란한 문제에 대한 해결책은 반드시 이 책의 어디엔가에 들어 있다.

어떤 사람은 그의 수입을 단기간에 3배나 올리기도 했다.

당신도 이 책을 읽다 보면 그 방법을 금방 알게 될 것이다.

찬란한 인생을 보내라.

당신은 반드시 그렇게 될 수 있다.

한 여성은 독창적인 선전 문구를 창조함으로써 많은 재산을 얻었다. 또 어떤 소설가는 마음속의 마법을 이용해 굉장한 아이디어를 고안해 냈다.

그 모든 것을 당신은 이 책을 읽으면서 곧 깨닫게 될 것이다.

정신의 힘은 이 세상에서 가장 위대한 것이다.

당신이 무엇을 바라든지 이 힘은 당신의 모든 소망을 이루어 줄 것이다.

그 힘은 다름 아닌 당신의 마음, 당신의 정신력이다.

그것은 당신의 인생 속에서 기적이 일어나는 방법을 가르쳐 준다.

공포·번민·질투라고 불리는, 마음의 치명적인 독소를 해소시키는, 돈으로 환산할 수 없는 귀중한 지식이 이 책의 곳곳에 가득 차 있다.

회사의 사장이 된 젊은이의 이야기, 악성 질병을 마음속에 있는 마법의 힘을 이용해 치유한 어떤 부인의 신념으로 가득 찬 이야기……. 이 같은 흥미 진진한 사례들이 이 책에 얼마든지 소개되어 있다.

그러한 사례들을 읽고, 여기에 그 개략을 표시한 방법으로 당신의 마음속에 있는 마법의 힘을 잘 이용한다면, 당신은 정신과 감정, 마음과 정신의 개명開明이라는 대단한 모험의 길로 나아가게 될 것이다.

그리고 이 여행은 건강·부富·사랑·번영이라는 상으로서 당신에게 훌륭한 열매를 맺게 해 줄 것이다.

당신은 이 책을 읽는 순간부터 곧바로 빠져들게 될 것이다.

그리고 당신은 앞길에 환한 빛을 발견하게 될 것이다.

이 책을 읽는 동안, 당신은 멋진 여행을 지속하게 된다. 당신의 앞길에 태양은 떠오르고, 모든 근심의 그림자는 사라지고 말 것이다.

Contents

01

자신 안의
놀라운 능력을 불러내라

These truths can change your life

고대 그리스의 철학자 소크라테스는, "너 자신을 알라!"고 말했다.

당신 스스로 자기 자신을 샅샅이 살펴보도록 한다.

그러면, 자기 자신이 감정·육체·혼·지성의 네 부분으로 이루어져 있음을 발견하게 될 것이다.

이 요소들은 훌륭하게 가다듬고 통제하여 신에게로 향하도록 해야 한다. 육체란 스스로 이루어 내고자 하는 의지를 갖추고 있지 못하다. 또한, 자발적으로 우러나오는 지성이나 사물을 선택하는 능력 또한 갖고 있지 못하다.

따라서 육체는 완전히 당신이 지시하는 대로 움직이고 있다. 즉, 당신의 감정이나 신념을 그대로 따르는 그림자 같은 게 육체이다.

그러므로 하고 싶은 일은 무엇이든지 할 수 있으며, 당신이 마음먹은 대로 작용하고 거기서 벗어날 수가 없다.

따라서 아름다움이나 사랑을 담을 수도 있고, 슬픔이나 근심을 담을 수도 있다.

질투·후회·분노·증오·우울 역시 당신의 육체에 나타날 수 있다.

자기의 마음속을 통제하는 방법을 터득하게 되면 당신은 신에게로 향할 수 있으며, 자기에게 내재한 놀라운 능력이 발휘될 수 있다.

무엇보다도 자기의 감정을 다스려라

잠깐 생각을 집중 시켜 보자.

이 세상의 모든 재물을 모아 놓고, 다른 사람의 건강을 사서 자기 자신을 건강한 신체로 만들 수는 없다. 하지만 마음의 평화·조화·신념을 모으고 유지함으로써 자기 신체를 건강하게 만들 수는 있다.

자기의 감정을 다스리는 일이 무엇보다도 중요하다.

자기의 감정을 생산적이고 조화로운 상태로 유지할 수 있을 때 비로소 당신은 감정적으로 어른이 된 것이다.

자기가 비록 50세라 하더라도 감정을 마음대로 움직이고 다스릴 수 없다면, 감정적으로는 유아의 단계에 머물러 있는 상태이다.

당신 속의 폭군은 바로 그릇된 생각이다

당신의 마음속에서 당신을 꼼짝 못 하게 해 노예처럼 부리는 그릇된 생각이 바로 당신에게 폭군이 되는 것이다.

자기의 생각에 따라 당신의 감정생활이 만들어진다.

심리학적인 면에서 감정이란 당신의 인생을 선과 악, 두 가지 방향 중에서 어느 쪽으로든지 끌고 갈 수 있다.

이를테면, 누군가를 증오하는 감정을 품게 되면 그것이 당신의 생활을 지배하여 당신의 행동을 예기치 못한 그릇된 방향으로 빠뜨리고 만다.

그러면 자기 자신은 주위 사람들과 원만한 관계를 유지하려고 해도 그 그릇된 감정이 원인으로 작용해 형편없는 인간이 되어 버린다.

간절히 성공이나 건강·번영을 원하더라도 하는 일마다 실패를 하고 불운이 찾아온다.

현재 이 책을 읽는 당신에게는 선의와 평화를 선택할 능력이 갖추어져 있다.

진실로 평화와 사랑을 수용할 수 있다면, 당신은 감정이 잘 절제된 훌륭한 인품을 지니게 될 것이다.

자식을 잃은 어머니의 새로운 길

유일한 아들을 잃은 한 어머니가 절망의 구렁텅이에 빠져 있었다.

그 충격으로 인해 그녀는 신경쇠약으로 우울증에 빠지고, 편두통이 생겼으며, 시력까지 나빠졌다.

나는 간호사로 일했던 그녀에게 다시 병원으로 돌아가 소아청소년과에서 일해 볼 것을 권유했다.

그녀는 나의 조언대로 소도시의 병원에서 소아청소년과를 맡아 일하게 되었다.

그곳에서 그녀는 어린이들에게 사랑을 기울이게 되어 조심스럽게 음식을 먹이는 등 정성껏 돌보았다.

그러는 동안 그녀의 사랑은 차츰 마음 밑바닥으로부터 차올라오기 시작했다.

그녀의 사랑을 필요로 하고 의지하려는 사람들로 만원을 이루었던 그곳에서 그녀는 자기의 애정을 건설적으로 기울이고 바칠 수가 있었다.

그녀는 자신의 잠재의식 속에 있는 사랑을 많은 어린이들에게 베풀게 됨으로써, 스스로 사랑에 의해 우울증이 치유될 수 있었다.

마침내 그녀의 마음 한구석에 도사린 독소가 완전히 제거되고 고통에서 해방될 수 있었다. 그녀는 행복한 얼굴로 기쁨이 가득한 새로운 길을 향하게 되었다.

기분을 바꾸고 싶을 때는 청소를 하라

잠재의식에 대해서 공개 강연을 할 때의 일이다. 나를 찾아온 어떤 부인이 다음과 같은 이야기를 해 주었다.

그녀는 주기적으로 이웃집 사람의 행동이 눈에 거슬려 화가 난 나머지 나중에는 욕이라도 해 주고 싶은 충동이 일어난다는 것이었다.

그런 경우, 그녀는 그런 감정을 잠재의식 속에 넣어 두지 않고 육체적인 힘으로 전환한 다음 발산하기도 했다.

이따금 정원으로 나가서 구덩이를 파면서 크게 외치곤 했다.

"나는 지금 신의 정원에 구덩이를 파는 중입니다. 그리고 이곳에 신의 생각을 심어 놓도록 하겠습니다."

또는 물이 담긴 양동이를 들고 와서 이렇게 말하면서 마루나 창문을 닦았다.

"나는 사랑과 생명의 물로써 마음을 깨끗이 하고 있습니다."

이처럼 청소를 하는 동안 어느새 마음이 상쾌해지는 것을 느낄 수 있었다.

그녀는 아주 간단하면서도 효과적으로 육체적 노동을 함으로써 감정을 밝게 만들어 갈 수 있었다.

마음속으로 정신 상태를 촬영한다

파리에서 심리학을 공부하는 젊은 학생과 만나게 되었다. 나는 그 학생과 재미있는 이야기를 나누게 되었다.

그는 이렇게 말했다.

"나는 가끔 마음속으로 생각이나 기분·감각·행동·목소리의 상태를 촬영해 봅니다. 그중에서 부정적인 요소를 발견하면 이것은 신에게 속한 것이 아니다. 부정하며 파괴적이다. 다시 한번 지혜·미·진리의 신 쪽에서 재고해 보아야겠다. 하고 스스로 중얼거리는 것입니다."

그는 그것을 습관적으로 행하게 되었다.

만일, 증오심이 느껴질 때는 다음과 같이 자신을 타일렀다.

'이것은 내 안에 내재한 신의 생각이 아니며, 그가 이야기하고 행동하는

것이 아니다. 자, 다시 한번 사랑의 입장으로 돌아가 생각하며 이야기하고 행동하도록 하자.'

그는 분노나 불안·의기 소침에 사로잡히게 되면 항상 신과 사랑과 평화를 떠올리기도 했다.

이것은 정신적 훈련과 감정 통제에 멋지게 성공한 사례가 된다.

감정을 다스리려면 생각이나 이미지를 통제하라

도대체 어떻게 해서 감정이 생겨나는 것일까?

사과같이 불그레한 뺨을 가진 자그마한 당신의 딸이 인형을 갖고 놀고 있다면 무척 귀엽게 생각될 것이다.

막연히 어떤 감정만을 일으켜 보려고 한다면 그리 쉬운 일이 아니다.

그러나 과거에 일어난 불미스러운 사건을 떠올리게 되면 그것에 대응하는 감정이 솟구치게 될 것이다.

따라서 감정이 일어나려면 먼저 당신의 마음속에 어떤 계기나 이미지가 만들어져야 한다.

항상 마음속에 든 생각에 따라 감정도 일어나기 마련이다.

자기 자신의 감정을 다스리고 싶다면, 마음속의 생각이나 이미지를 통제할 수 있어야 한다.

증오 대신에 사랑을, 악의 대신에 선의로, 슬픔 대신에 기쁨을, 불안 대신에 평화를 가지려면 생각을 바꾸어야 한다.

싫은 감정이 생길 것 같은 계기가 만들어졌다면 재빨리 그 감정을 사랑과 선의로써 감싸 주어야만 한다.

두려움을 버리고 스스로 말해 주도록 한다.

'나는 신에게 속해 있다. 내 편은 무엇이든지 강하다.'

만일 당신의 마음속에 신뢰·성실·사랑·평화가 흘러넘친다면 부정적인 생각은 들어설 자리가 없게 된다.

완전한 사랑은 공포를 날려 버린다

베트남에서 막 돌아온 파일럿이 나에게 말했다.

"적의 진지를 지나는 동안 형언할 수 없는 공포에 휩싸이게 될때, 나는 계속해서 이런 문구를 중얼거리곤 했습니다. '지금 나는 하느님의 사랑으로 둘러싸여 있으며, 이 비행기와 승무원 전원도 사랑으로 감싸여 있다. 항상 나는 하느님의 사랑으로 인도되고 안내를 받는다. 하느님은 항상 우리를 지켜준다. 우리는 하느님과 더불어 존재한다.'"

이 같은 강한 믿음으로 하느님의 사랑이 가득 차고 안전하게 비행하게 되었다.

또한 그의 두려움 역시 사랑의 힘으로 쫓아낼 수 있었다.

완전한 사랑은 공포를 일시에 날려 버린다.

억압된 감정은 그림자처럼 당신을 따라다닌다

실제로 공포가 느껴졌을 때, 자기의 표정이나 눈빛, 그리고 심장의 고동 소리가 변해 가는 과정에 주의를 기울인 적이 있는가?

불길한 소식이나 슬픔으로 인해 당신의 식욕이 갑자기 어떻게 변하는지 잘 알고 있을 것이다.

불길한 소식이 헛소문이었음을 알게 되었을 때, 자신의 모습이 얼마나 바뀌어 있는지를 자세히 살펴보도록 한다.

마음속에 부정적인 모든 감정은 신체의 생명력을 떨어뜨리고 노화시키는 원인이 된다.

대체로 위장병을 앓고 있는 사람은 항상 불만에 싸여 있다. 그러나 좋은 일이 생기면 혈액 순환이나 위액의 분비가 정상으로 돌아오기 때문에 소화 불량이 사라지게 된다.

감정을 다스리고 절제하게 되면 감정을 억압하는 일은 없어지고 만다.

만일 감정을 억압하게 되면, 그것은 하나의 힘을 형성해 잠재의식에 쌓이게 된다.

보일러 온도를 계속 올리기만 하면, 온도가 점점 올라가서 마침내 폭발하고 만다. 마찬가지로 우리의 정신도 이와 똑같은 현상이 일어나게 된다.

현재, 정신요법의 분야에서는 조현증·우울증·고혈압 등 여러 가지 질병이나 과흥분, 불안, 갈등 등의 고통스러운 정서는 유년·청년 시대에 억압되었던 감정을 원인으로 간주하고 있다.

이처럼 억압된 감정은 마치 그림자처럼 당신의 뒤를 쫓아다니고 있다.

그러면 지금부터 그것을 떼어 버리는 방법을 소개하도록 하겠다.

분노는 유아적인 행동의 상징이다

"당신은 타인의 말, 그러니까 사업상 만나는 사람이나 라디오에서 해설자의 설명을 들을 때, 어떤 반응을 보입니까? 신문이나 텔레비전을 통해서 느낀 점이 있다면 어떤 태도를 보입니까?"

"글쎄요, 그다지 기억이 나지 않는군요."

얼마 전 나는 고혈압과 위궤양에 시달리고 있는 사람에게 이 같은 질문을 했고 그의 대답을 들었다.

그의 정신 연령은 자기만이 옳다고 믿는 어린애와 같았으며, 그 상태에서 성장을 멈추고 있었다.

나의 질문을 받고 나서야 그는 신문 기사나 라디오의 해설에 분노를 터뜨리고, 그 해설자를 비난하는 편지를 쓰고 있었음을 깨닫게 되었다.

그는 다만 단순하게 기계적인 반응을 나타낼 줄만 알았지, 자기 자신을 다스리지 않았다.

나는 그에게 설명해 주었다.

"아무리 텔레비전이나 라디오의 해설자는 전부 틀리고, 당신이 옳다고 하더라도 그것은 타인의 생각을 빼앗는 거나 마찬가지입니다."

그는 나의 조언을 듣고 다음과 같이 생각을 바꾸기로 했다.

'평론가·신문 기자·텔레비전의 해설자들이 그들의 생각대로 말하거나 쓰는 일에 일절 간섭하지 않겠다. 그들은 그들 스스로 믿는 대로 행동하면 되는 것이다. 그러나 그들과 반대되는 의견에 대해서 당당하게 논쟁하는 것은 바람직한 일이다.'

비로소 그는 정신적으로도 어른이 될 수 있었다. 그는 논문이나 해설이 자기의 생각과 다르다고 해서 그들에게 분노를 터뜨리는 것은 그야말로 유아적인 생각임을 깨달았다.

그는 다음과 같은 간단한 기도를 활용했다.

'앞으로 나는 올바르게 사고하고 바르게 행하며 올바른 사람이 되도록 노력을 다하겠다.

나는 내 안에 존재하는 신이 이끄는 대로 사고하고 표현하며 하느님이 요구하는 대로 반응을 한다.

마음속에 모든 편견·오인·태만·광신을 쫓아 버리겠다.

사람들에게 주어진 권리를 인정하고 그들의 자유와 행복을 진심으로 기도하겠다. 또한, 나는 하느님의 계율과 사랑의 법칙을 지켜나가겠다.'

그는 2, 3주일 내로 혈압이 내려갔고, 위장의 상태도 호전되었다. 그 후, 결과적으로 완쾌됐다는 의사의 진단이 내려졌다. 그가 마음의 태도를 바꾼 순간 다른 모든 상황도 바뀌게 된 것이다.

사람은 두 개의 세계에서 살고 있다

사람은 내적·외적이라는 두 개의 세계에 존재한다.

물론 그것들은 실제로 하나임에 틀림없다.

한쪽은 눈에 보이지만, 다른 쪽은 보이지 않는다.

외적인 세계는 오감을 통해 수용할 수 있으며, 그것은 모든 사람에게 공통된 세계이기도 하다.

'생각한다―신뢰한다―반응이 일어난다.' 등의 내적인 세계는 눈으로 볼 수 없다.

그것은 오직 당신만이 소유할 수 있다.

'나는 어느 쪽에서 사는 것일까? 오감으로 받아들일 수 있는 세계가 눈으로 볼 수 없는 세계일까?'

스스로 자문을 해 보도록 한다.

언제나 당신은 내적인 세계에서 살고 있다.

그 속에서 당신은 느낄 수 있으며 기쁨이나 고민을 갖게 된다.

어떤 파티에 초대를 받아 참석했다고 하자.

그곳에서 당신이 보거나 듣고 냄새를 맡으며 손에 닿는 모든 것은 외적인 세계에 속하는 것이다.

반면에, 당신이 느끼거나 생각하고 좋아하다가도 싫어지는 것은 모두 내적인 세계이다.

이처럼 당신은 항상 두 개의 파티에 참석하는 상황이 된다.

또한 내적인 경우와 외적인 경우, 각각 다른 상황이 남게 되는 것이다.

당신이 의기소침해지거나, 기운이 넘치는 등 시시각각 바뀌는 것은 사고와 감정의 지배를 받는 내적인 세계에서 일어나는 일이다.

자신을 완전히 바꾸는 방법은 내적 세계를 바꾸는 일이다

자기 자신을 완전히 바꾸려면 감정을 순화시키기고 올바르게 사고함으로써 내적인 세계를 바꾸어 놓아야만 한다.

스스로 다시 태어날 때 비로소 정신적으로 성장할 수 있다.

'개조改造'란 완전히 다른 것으로 고쳐서 다시 만든다는 뜻이다.

당신이 느낀 인상印象이라는 것도 이와 마찬가지로 바꿀 수 있는 것 중의 하나이다.

당신이 사랑하고 존경하는 사람을 대했을 때, 당신은 그에게 좋은 인상을 받는다.

그러나 그와 반대인 사람을 만난다면, 전혀 다른 인상을 그에게서 받게 될 것이다.

현재 당신 곁에 있는 사랑하는 남편혹은 아내이나 아이는 당신이 가족에 대해서 생각하는 그대로 당신의 눈에 비칠 것이다.

즉, 인상이란 당신의 마음에 따라 다르게 나타나게 마련이다.

만일 당신이 불행하게도 청각 장애인이라면 당신은 다른 사람이 내는 소리를 들을 수 없게 된다.

다른 사람에 대한 생각은 당신의 마음가짐에 따라 달라질 수 있다.

남을 호의적인 눈으로 보게 되면 자기 자신도 바뀌게 되는 것이다.

인생이 바뀌기를 바란다면 먼저 당신의 인생에 대한 태도를 바꾸어야만 한다.

자기감정을 스스로 다스릴 수 있는 기도

'노하기를 더디 하는 자는 크게 명철하여도 마음이 조급한 자는 어리석

음을 나타내느니라.'

<잠언> 제14장 29절

나는 항상 마음이 편안하고 고요하며 침착한 상태를 유지한다.

나의 마음과 신체는 신의 평화로 가득 차 있다.

나는 하느님의 계율대로 행동하며 평화와 신의로써 모든 사람을 대하기로 마음먹는다.

내 마음은 모든 것을 사랑함으로써 편안해지고 두려움이 사라진다. 나의 생활은 기쁨이 넘치며 항상 최선을 추구한다.

그러므로 나의 마음속에서 번민이나 의심이 사라지게 되었다.

진리를 갈구하는 나의 기도는 내 마음속의 부정적인 사고와 감정을 쫓아내기 때문이다.

나는 그 누구든지 용서할 수 있다.

내 마음의 문은 신을 향해 열려 있으며, 몸과 마음은 하느님의 빛과 이해로 충만하다.

내 마음속에서 고통이나 번민, 의혹이 고개를 내밀 때 진리와 선, 아름다움의 신념이 그것을 밀어낸다.

그 순간, 어둠은 사라지고 광명이 찾아든다.

'오 신이여, 당신은 유일한 나의 신인 것입니다. 나에게 신은 당신 하나밖에 없습니다.'

만일 당신이 날마다 부정적인 태도를 보인다면, 당신은 우울한 마음과 병을 갖게 될 것이 틀림없다.

따라서 일상 속에서 남과 대면할 때, 그 사람에게 호의를 표시하는 습관을 길러야 한다.

자기 자신을 완전히 바꾸고 싶은 생각이 든다면, 신의 사랑이 마음속에 가득 찬다는 확신을 한다. 그러면 부정적인 생각이나 나쁜 감정이 사라지게 된다.

그것을 거의 습관적으로 지속하다 보면 당신은 도덕적·지적·육체적으로 현재보다 훨씬 훌륭한 인간이 될 수 있다.

'보다 훌륭한 인간이 되고자 기도하는 사람은 기도하는 대로 이룰 수 있다.'

조지 메레디스

당신에게는 그 어떤 난관도 해결할 수 있는 무한한 힘이 내재하여 있다.

"무거운 짐 진 자들아 다 내게로 오라."

〈마태복음〉 제11장 28절

'이 세상에 하느님의 평화를 유지하고 싶다면 우리의 마음속에서 떨쳐버려야 할 생각과 감정이 떠오를 때마다, 그것을 지니고 이 사원에 참배한 다음 명상에 들어가야 한다.'

로렌스

주의를 기울여야 할 사항

① 지금 당신은 사고나 감정을 순환시키고 인생에 대한 태도를 개조할 좋은 기회이다.

② 마음속의 신에 의해 생각과 말을 하고 행동을 할 때 비로소 당신은 정신적으로도 어른이 될 수 있다.

③ 마음을 억압하며 당신을 노예로 부리는 그릇된 생각이 당신에게 폭군으로 군림한다. 사고방식을 바꿈으로써 빨리 쫓아내도록 한다.

④ 정서적으로 결합한 게 사랑이다.

사랑은 외부를 향해 작용해야 한다. 사랑과 선의를 밖으로 드러내 마음껏 표출하도록 하라. 그러면 잠재의식 속에 있는 부정적인 감정은 무기력해지고 만다.

⑤ 창문을 닦거나 공을 차고 구덩이를 파는 등 적극적인 육체노동을 통하여 부정적인 감정을 쫓아 버린다.

⑥ 만일 분노가 일어난다면 마음속에 중지 명령을 내린 다음 이렇게 말한다. '나는 사람과 지·선·미의 관점에서 생각이 이루어지고, 말과 행동을 하고 있다.'

⑦ 자기 안에 살아 있는 하느님의 존재를 확신하게 되면 타인에 대한 감정을 다스릴 수 있다. 증오심 대신에 사랑을 불어넣도록 한다.

⑧ 공포는 신과 선에 대한 신념에 의해 쫓아낼 수 있다.

⑨ 신체의 질병은 억압된 감정이 원인으로 작용한다. 신의 의지가 흐르는 도도한 바다가 되도록 한다. 신이 이끄는 대로 감정이 흘러가도록 유도한다.

⑩ 부정적인 생각을 적극적이고 건설적인 생각으로 대체시킨다. 그러지 않으면 성실과 신념의 적극적인 감정이 힘을 잃고 사라지게 된다.

⑪ 자기 자신이 여러 가지 사건이나 환경에 대하여 정신적으로 어떤 반응을

보이는지 주의를 기울여 본다.

이 반응에 따라 감정이 움직이게 된다. 올바르게 느끼고 생각을 하며 행동하도록 한다.

당신을 방해하는 것은 자기 자신임을 알아야 한다. 신의 생각을 떠올려 본다. 그러면 당신의 마음속에서 신의 힘이 작용하고 선을 향한 문이 열리게 된다.

⑫ 사람이란 감정·사고·신념·사상의 내적인 세계와 오감으로 받아들이는 외적 세계 속에서 살고 있다.

그러나 실제로 당신은 생각하고 느끼며 믿음이 있는 내적 세계에 존재한다. 외적인 세계는 내적인 세계의 지배를 받기 때문이다.

⑬ 자기 자신을 완전히 바꾸고 싶다면 인생에 대한 태도부터 바뀌어야 한다.

⑭ 인생에 대한 태도가 바뀌면 당신의 인생도 바뀔 것이다.

만일, 당신이 시각이나 청각 장애인이라면 다른 사람은 들을 수도 없게 된다. 따라서 당신의 입장은 상황에 따라 아주 달라진다.

다른 사람의 마음속에도 신이 존재함을 깨달아야 한다.

사람은 얼마든지 자기가 바라는 대로 될 수 있으며, 신은 당신의 기도를 듣고 그것을 고스란히 돌려준다.

02

자신의 능력과 재능을
향상시키는 비결

These truths can change your life

인간은 언제나 이런 의문을 가지고 있다.

'다른 사람보다 앞서 나가는 방법은 없을까? 생활을 개선하려면 어떻게 해야 할까? 승진하는 방법은? 새 차나 집을 사기 위한 좋은 방법은 없을까? 필요한 돈을 어떻게 마련할까?'

이에 대한 대답은 자기의 마음의 법칙에 관한 사용법을 배움으로써 해결된다.

증식增殖의 법칙, 원인과 결과에 대한 법칙, 흡입吸入의 법칙과 같은 마음의 법칙은 전부 정확하게 현실적인 효과를 나타낸다.

성가聖歌를 짓는 사람이 번영의 법칙에 대해 다음과 같이 아름답게 표현을 했다.

이와 같은 인생은 주님의 율법을 기뻐하며 낮이건 밤이건 그 율법을 생각하노라.

번영이란 다방면으로 자신의 능력과 재능을 신장시키는 것이다.

그러면 자기 자신이 지닌 힘이 충분히 발휘될 수 있다. 승진·부유함, 소유하고 싶은 물건 등은 모두 상상이며 기호이다. 우리는 그것을 마음가짐에 따라 소유할 수 있다.

상상 속의 대화로 성공한 주식株式 중매인

나는 로스앤젤레스에 있는 한 주식 중매인과 친분을 나누고 있었다.

그는 많은 고객을 관리하고 있었으며, 그들의 재산을 증식시켜 주고, 자기 자신도 많은 이윤을 남기고 있었다.

그는 항상 백만장자인 은행가와 상담을 하고, 그 고객이 그의 현명하고 적절한 판단을 높이 평가해서 대량의 주식 매매를 자신에게 위임하는 상황을 상상하곤 했다.

그는 날마다 사무실에 나가기 전, 이 상상 속에서 이루어지는 대화를 마음속으로 주고받으며, 자기의 잠재의식에 새겨두곤 했다.

이 상상 속의 대화는 올바른 투자를 원하는, 그와 고객들의 목표와 일치하는 것이었다.

'내 일의 주된 목적은 고객들의 수익을 올리는 데 있습니다. 내 조언대로 고객들의 재산이 증식되는 걸 보는 것입니다.'

그는 나에게 말했다.

그는 고객들의 수익을 올려주고 자신도 상당한 이익을 얻고 있다.

그는 마음의 법칙을 건설적으로 사용하며, 주님의 법칙 속에서 기쁨을 누리고 있는 것이다.

상상으로 파산 직전에 행운을 얻은 실업가

'나는 집은 물론 토지나 자동차도 전부 남에게 빼앗길 처지에 놓여 있습니다. 어음은 결제가 안 되고 부도가 날 것 같습니다. 나는 지금 파산 직전에 있습니다.'

어떤 실업가가 나에게 호소했다.

그래서 나는 그에게, 잠재의식을 잘 활용한다면 위기를 넘길 수 있다고 설명해 주었다.

'언제, 어디서, 어떻게, 왜라는 것은 생각지 마시오. 그것이 어떤 방법으로 당신에게 오는지 생각할 필요는 없습니다. 잠재의식은 당신이 미처 생각지도 못하는 것을 알고 있습니다. 반드시 그렇게 되고야 맙니다.'

나의 지시대로 그는 잠들기 전에, 필요한 현금을 은행에 입금하는 장면을 상상했다.

은행의 직원은 이렇게 말한다.

"잘 되었군요, 이걸로 모든 게 해결되었습니다."

그는 이 같은 상상을 집중적으로 했으며, 나중에는 그것이 현실로서 실제로 목소리가 들리는 것처럼 느껴졌다.

그가 열심히 상상하면 할수록 더욱 효과적으로 축적되고 있었다.

그는 마음속으로 상상이 현실로 느껴져 사실로 믿게 되었다.

그런데 아주 흥미로운 결과가 나타났다.

어느 날 그는 할리우드 경마장에 있는 꿈을 꾸게 되었다.

50 대 1의 상금이 걸린 말이 일등으로 도착했다.

경마장 상금계원이 그에게 말했다.

'자, 1만 달러입니다. 당신은 정말 행운아입니다!'

그는 급히 잠에서 깨어나 잠든 아내를 흔들어 깨워서 꿈 이야기를 했다.

"실은 5년 전에 어려울 때 사용하려고 200달러를 숨겨 둔 게 있어요. 이 꿈은 반드시 하늘의 선물일 거예요. 이 돈을 갖고 경마장으로 가 보세요."

그의 아내가 말했다.

그는 경마장에서 꿈속에 나타났던 말을 발견했다.

그는 50 대 1로서 가지고 있던 200달러 전부를 걸었다.

당연히 그가 승리했다.

경마장 계원은 꿈에서 들었던 똑같은 말을 그에게 했다.

그는 은행에서 현금 1만 달러를 지불받았다.

그가 그토록 열심히 상상했던 일이 현실로 나타난 것이다.

무일푼의 미망인을 구한 마법의 주문

'청구서가 산더미 같습니다. 저는 세 아이가 있지만, 실직한 상태로 돈은 한 푼도 없습니다. 어떻게 하면 좋을까요?'

나는 이런 편지를 보낸 미망인에게 어떤 지시를 했다.

이에 따라 그녀는 신이 내려주는 공급에 감사하기에 이르렀다.

그녀는 하루에 열 번씩 의자에 앉아 수면 상태인 듯한 무의식의 세계로 들어갔다.

그녀는 자기가 바라는 대로 신의 증식增殖을 불러일으키는 마법의 주문을 간직하고 있었다.

40

'신은 내 것을 무한히 공급해 준다.'

그녀는 어떤 것에 주의를 기울이면 잠재의식에 의해 그것이 몇백 배로 불어난다는 것을 이해했다.

그녀의 이해란 그녀의 모든 소망을 들어주는 것, 청구서는 지급되고 새로운 직장을 얻는 것, 집과 남편이 생기고 아이들에게 먹을 것과 옷을 주는 것, 많은 돈을 벌게 해 준다는 것을 뜻하기 때문에 중요한 것이었다.

그녀는 기도하는 동안 절대로 다른 일은 생각지 않기로 했다.

'신은 내 것을 무한히 공급해 준다.'

이 말의 의미가 생각날 때마다 주의력을 집중했다.

그녀는 그것을 실제로 느낄 수 있을 때까지 계속해서 이 문구를 중얼거렸다.

마음의 법칙에 대한 깨달음에 의해 이런 문구를 되풀이할 수 있었다. 이 같은 단순한 문구에 주의력을 집중하면 다른 일에 대해서는 주의를 기울일 수 없게 된다.

되풀이된 생각은 신념과 기대 때문에 잠재의식에까지 전달 된다.

그녀의 기도에 관한 결과는 놀라울 정도였다.

어느 날, 그녀의 오빠가 아무런 예고도 없이 뉴질랜드에서 찾아왔다.

그녀는 자기의 오빠와 20년 동안이나 소식이 끊긴 상태였다. 그녀의 오빠는 현금 1만 5천 달러와 값비싼 다이아몬드 몇 개를 선물로 주었다. 또 그녀는 오빠의 권유로 어느 변호사의 비서로 일하게 되었다.

그로부터 1개월 후, 그녀는 그 변호사와 결혼을 하게 됐다.

그녀는 산더미 같은 청구서도 전부 지급했다.

'저는 지금 대단히 행복합니다.'

그녀는 나에게 편지를 보냈다.

이처럼 잠재의식은 예기치 못한 방법으로 소망을 이루어 준다.

당신의 잠재의식 역시 당신의 소유를 30배, 60배, 100배로 만드는 힘을 지니고 있다.

감사하는 마음에서 솟는 번영의 힘

감사하는 마음이 생활을 개선하고, 번영과 행복, 건강을 안겨주는 방법 중에는 실로 놀랄 만한 일이 있다.

토지와 건물의 중개인이 이 굉장한 방법을 증명해 보였다.

그는 자기가 소유한 택지宅地나 토지가 제값을 받지 못하자 몹시 침울해졌다.

그는 아주 실망이 컸으며 그로 인해 불행했다.

그러나 감사하는 마음에서 솟는 번영의 힘을 확신하게 되어, 잠들기 전에 다음과 같은 기도를 하기 시작했다.

'주여, 기도를 들어 주서서 감사합니다. 당신이 언제나 기도를 들어 주심을 저는 알고 있습니다.'

그리고 그는 이 문구를 짧게 계속 반복하기로 했다.

'신이여, 감사합니다.'

그는 이것을 계속해서 자장가처럼 속삭였고, 이 짧은 문구를 실제로 느껴질 때까지 되풀이했다.

어느 날 꿈속에서 누군가가 집을 사러 와서 수표로 지급해 주었다. 그로부터 일주일 후, 꿈에서 나타났던 사람이 사무실로 찾아와서 실제로 그 집을 샀다.

그는 밤마다 '신이여, 감사합니다.'라는 말을 계속해서 감사의 마음으로 속삭이는 습관을 갖게 되었다.

그는 아주 건강해졌으며, 재산이 자꾸만 불어났다.

이처럼 아침저녁으로 신은 당신을 번영케 해 준다는 문구를 계속해서 반복하도록 하라.

그것을 실제로 느낄 수 있을 때까지 되풀이하면 아무것도 바라지 않는 상태에서도 당신의 것은 불어나게 된다.

잠들기 전에 자장가처럼 계속해서 중얼거려 본다.

'주여, 감사합니다.'

이 기도는 하느님에 대한 풍요로움과 건강·조화를 고마운 마음으로 받아들인다는 것을 뜻한다.

당신의 잠재의식은 때때로 환영 속에서, 어떤 경우에는 꿈속에서 당신에게 응답하고 계시를 할 것이다.

은행 빚에서 풀려난 어느 부인의 기도

'저는 집을 담보로 해서 돈을 쓰고 있지만, 이자도 갚지 못하고 계속해서 독촉장이 날아오고 있답니다.'

한 부인이 나에게 편지를 보내 호소했다.

나는 그녀에게 답장을 보냈다.

하루에 몇 번이고 정성을 다하여 다음과 같이 선언할 것을 지시했다.

'내 집은 담보로부터 풀려났다. 돈이 자꾸만 나한테 흘러들어온다.'

기도에 대한 응답이 어디서 어떤 방법으로 올 것인지는 생각할 필요가 없다.

나는 그녀에게 잠재의식은 소망을 이루는 데 필요한 모든 것을 알고 있으며, 올바른 인도를 받게 될 것을 알려 주었다.

얼마 후, 그녀는 한 건축업자와 알게 되었고, 그는 그녀의 토지에 아파트를 짓고 싶다고 제의했다.

건축업자는 그녀에게 예상보다 많은 액수를 지급했다.

그녀는 기쁜 마음으로 그 돈을 받아 은행 빚을 전부 갚았다. 게다가 그녀는 그 아파트의 관리인이 되었고, 많은 보수와 자기 소유의 아파트까지 계약하게 되었다.

당신의 잠재의식은 항상 당신의 꿈을 실현하고 이익을 가져다준다.

번영을 덤이다고 생각하라

양복 도매상을 하는 나의 친구가 좋아하는 문구가 있다.

"내가 하는 일은 모두 덤이다. 그러므로 아무것도 손해를 볼 건 없다."

그는 번영을 덤이다고 생각한다.

"지금까지 생활해 온 게 자본인 셈이다. 앞으로의 일은 모두 덤인 것이다."
라고 말한다.

무슨 일이든지 나쁘게 변하는 일은 없다.

건강·부富·지식·힘·지혜·신념을 더해 앞으로 나가자.

그는 성공·신의·조화·올바른 행위·인도·풍요한 법칙에 대해 명상함으로써 인생에 덤으로 얻어지는 것들을 만들고 있다. 그는 항상 자기의 성공과 번영을 상상하며 실제로 느끼고 있다. 그러면 그의 잠재의식은 반드시 그에게 응답하고 실현해 준다.

기도로 실적을 쌓는 보험 설계사

실적이 나쁜 한 보험 설계사가 나를 찾아와 호소했다.

'아무리 노력을 해도, 다른 사람보다 더 많은 사람을 만나도, 전혀 성과가 없어요. 나는 이 일이 맞지 않는 것일까요?'

나는 그에게 일주일에 한 번씩 특별 교육을 받도록 했다.

교육을 통해 그가 침착하고 안락한 마음을 지니게 했다. 그리고 그를 위한 기도를 했다.

'현재 당신은 안일한 상태에 있습니다. 고요하며 침착한 마음을 유지합니다. 당신은 날로 정신적·감정적·재정적으로 풍요해지고 큰 성공을 거두고 있습니다. 당신은 마음을 넓게 가지고 새로운 생각을 받아들이게 됩니다. 당신의 행복이 자유롭고 기쁨에 넘쳐 끊임없이 당신에게로 스며들고 있습니다. 지금 당신을 위한 증식增殖의 법칙이 작용하고 있습니다.'

나의 지시대로 5분 동안 기도하기로 했다.

그는 진지한 마음으로 문구 속의 '당신'을 '나'로 바꾸어 참된 의미를 되새기면서 기도했다.

마침내 일주일 동안의 공동기도共同祈禱가 훌륭한 열매를 맺기에 이르렀다.

그로부터 얼마 후, 그는 몇 개월 만에 고객과 계약을 맺게 되었고, 그 후 실적은 자꾸만 쌓여 갔다.

그는 마음의 태도를 바꾸면 인생의 모든 것이 바뀐다는 것을 체험했다.

생각을 집중시켜 백만장자가 된 남자

그러면 마음의 상상법을 적극적이고 확실하게 잠재의식에까지 전달하는 방법에 관하여 자세히 알아보도록 하자.

의식하는 마음은 개인에 따라 다르며 선택적인 것이다.

의식하는 마음을 선택한 다음, 가치를 가늠해 분석하고 검토하도록 한다. 그것은 논리적 이치에 맞는 이상적인 판단에 따라야 한다.

잠재의식은 종속적으로 의식하는 마음을 따르게 된다. 잠재의식은 의식하는 마음이 명령하는 대로 따르는 하인이기도 하다. 한곳으로 집중된 생각은, 이 잠재의식의 수준에 도달하게 된다.

이 생각은 끊임없이 생겨나는 게 분명하다. 이 강력한 생각을 집중시킴으로써 부가 얻어지게 된다.

중서부中西部에서 햄버거 전문점을 경영하는 사람이 나에게 긴 편지를 보냈다.

그는 나의 저서《잠자면서 성공한다》가 나왔을 때, 이 책을 열심히 읽었다.

그리고 그는 100만 달러의 돈을 저축하기로 마음먹었다. 그는 사업을 확장해 여러 개의 레스토랑을 경영하고 유럽에 지점을 낼 계획을 세웠다.

그는 100만 달러에 대한 생각을 집중하여 잠재의식을 채웠다.

집중한다는 것은, 우선 사물의 핵심에 들어가 생각하고, 잠재의식의 무한한 풍요로움에 정신을 모으는 일이다.

그는 잠들기 전에 마음속의 움직임을 정지시키고 고요함 속에서 침착하고 안일한 상태에 이르렀다.

그 다음에, 그는 모든 생각을 동원하여 은행에 예금해야 할 100만 달러에 대해 주의력을 기울였다.

그는 자기의 주의력을 이러한 상상에 집중시켰다.

그의 확고한 명상으로, 그의 잠재의식의 민감한 부분이 깊고, 연속적인 감명을 주었다.

그는 매일 밤, 이 같은 상상을 생생하게 그려보곤 했다.

2개월 후, 마침내 그의 소원은 이루어지기 시작했다.

그는 자신의 야망과 목표대로 꿈에 그리던 부유한 여성과 만나 결혼하게 되었다.

그의 사업은 2, 3개월 동안에 놀라운 번창을 했고, 지점을 두 개나 설치할 수 있었다.

그는 순 수익을 석유石油의 주식에 투자했다

이것 역시 제대로 들어맞아 큰 이익금을 얻게 되었다.

그는 자신의 성공은 나의 저서 때문에 가능했다고 하면서 나에게 500달러의 기부금을 보냈다.

이것은 나에게 아주 반가운 선물이 되었다.

내가 이 글을 쓰고 있는 지금, 그는 은행에 100만 달러 이상이나 예금되어 있다.

그뿐만 아니라, 그의 잠재의식은 아름답고 부유한 부인, 새로 탄생한 아기, 풍요한 인생이라는 굉장한 것들을 선사했다.

번영과 승리를 위한 기도

기도하면 당신은 번영과 승리를 얻을 것이다.

나는 지금 나의 마음속 깊이 성공과 번영의 틀을 만들고 있다.

그 법칙은 다음과 같다.

'나는 스스로 대단한 신의 공급을 깨닫는다. 나는 평정한 상태에서, 내 안에 있는 신의 소리에 귀를 기울인다. 이 소리에 의해 나의 모든 활동은 인도되고 통제를 받는다.

나는 신의 풍요로움과 하나가 되어 있다. 나는 번영을 위한 보다 새롭고, 효과적인 방법이 있음을 알고 있다.

그것을 나는 확신한다.

신의 지혜에 의해 가장 올바른 길을 알 수 있다.

나의 지혜와 이해력은 점점 커지고 있다. 나의 일은 곧 신의 일인 것이다. 나는 모든 면에서 신과 함께 번영해 간다.

내 안에 있는 신의 지혜가 모든 문제를 올바르게 해결하기 위한 효과적인 방법을 알게 해 준다.'

이 같은 신념과 확신에 대한 문구는 성공과 번영으로 통하는 문을 활짝 열어 준다.

도움이 되는 요점

① 마음의 법칙에 대한 사용법을 상기하라. 그러면 부와 사랑, 행복과 풍요로움이 당신에게로 이끌린다.

② 남을 위한 돈을 준비하도록 한다. 그러면 당신에게 필요한 돈이 생길 것이다. 당신은 기대 이상으로 번창하게 된다.

③ 당신의 잠재의식은 당신이 알지 못하는 방법에 대해 잘 알고 있다. 잠재의식에 번영을 불어넣도록 하라. 그러면 모든 일은 잠재의식이 해결해 준다.

④ 놀라운 번영의 법칙을 반복하도록 한다. '신은 내 것을 단시일 내에 불어나게 해 준다.' 이런 기도로부터 기적이 시작된다.

⑤ 감사하는 마음은 항상 신 가까이에 있다. 자장가처럼— '신이여, 감사합니다.'라고 중얼거리면서 잠들도록 하라.

⑥ 바라는 것을 마음에 그려보도록 하라. 그러면 그대로 이루어진다. 이를테면, '내 집은 담보에서 풀려났다. 풍요로움이 점점 더 불어난다.'

진지한 마음으로 기도하라. 그러면 잠재의식은 당신의 소망을 들어줄 것이다.

⑦ 인생이란 덤으로 얻어진 것이다. 의식과 잠재의식의 법칙을 잘 이용해, 당신이 가진 것에 부·지혜·힘·신념·지식을 더하도록 하라.

⑧ '신은 지금 나를 향해 스며들고 있다. 쉴 새 없이 생생하게, 기쁨에 가득차서 풍요하게 흐른다.'

이처럼 확신하면 신의 풍요로움이 당신이 수용할 수 있는 정돈된 마음속으로 흘러든다.

⑨ 주의력을 기울임으로써 100만 달러의 꿈을 잠재의식에까지 전달하라. 그러면 적절한 시기에 올바른 방법으로 잠재의식은 그것을 실현해 준다. 중요한 것은 진실한 마음과 주의를 집중시키는 일이다. 그러면 당신은 번영과 승리를 얻을 것이다.

03
위대한 신념의 마력
These truths can change your life

당신이 믿고 있는 바대로 무엇이든지 당신의 소유가 되는 것처럼…….

신념이란 사고방식의 한 방법으로, 어떠한 결과를 가져오는 마음의 자세이다.

성경에서 설명된 신앙은 기나긴 세월에도 변하지 않는 불변의 법칙을 좇은 확신이다.

신념이란 당신의 사고방식·느낌·마음가짐·마음 상태를 가리키는 굉장히 복잡하고 쉽사리 함락되지 않는 것이어서, 외부로부터의 힘이나 사건으로써는 움직일 수 없다.

신약 성서의 〈마가복음〉 제11장 23절에는 신념의 힘에 대한 훌륭한 구절이 실려 있다.

"내가 진실로 너희에게 이르노니 누구든지 이 산당신이 직면하고 있는 문제

나 난점더러 들리어문제나 난점을 해결한다거나 근절시키는 것을 의미함 바다당신의
잠재의식을 의미하며, 그 잠재의식 속에서 문제의 해결책이나 치유법이 발견되고 난점은
사라져 감에 던지우라 하며 그 말하는 것이 이룰 줄 믿고 마음에 의심치 아
니하면 그대로 되리라. 그러므로 내가 너희에게 말하노니 무엇이든지 기도
하고 구하는 것은 받은 줄로 믿으라여기서 믿음이란 잠재의식에 대한 믿음을 뜻함.
즉, 표면에 나타난 의식은 잠재의식에 의해 움직여짐. 그리하여야 하늘에 계신 너희
아버지도 너희 허물을 사하여 주시리라."

이 위대한 진실은 당신의 마음속에는 당신을 가난과 질병에서 해방하는
지혜와 힘이 존재하며, 당신의 기도를 들어 주는 것은 잠재의식임을 일깨우
고 있다.
또한, 당신 자신과 당신 주위의 사람들, 온 세계를 행복과 평화와 환희와
조화로 가득 차게 할 수 있는 능력이 당신의 마음속에 간직되어 있음을 명
료하고 힘차게 일깨우고 있다.

신념은 인생을 거듭나게 한다

제1팀의 판매원만 200명 이상이나 되는 어떤 화학 공업 회사의 판매원에
관한 이야기이다.
그가 어느 날 나에게 도움을 요청해 왔다.
그 회사의 영업부장이 죽었기 때문에 부사장은 그를 후임자로 내정하겠
다고 했다.

그러나 그는 그 대단한 제의를 거절해 버렸다.

나중에 안 일이지만, 그는 영업부장의 중책을 맡기가 두려웠다.

책임이 막중하다고 그는 생각했다. 이 사람에게는 신념이 없었다. 자신에게 내재한 능력을 믿을 수 없었기 때문이다.

그는 사퇴했고, 굉장한 기회를 놓치고 말았다.

이야기하는 동안, 나는 그가 자기 자신의 성공을 믿지 못했고, 자기의 재능에 대해서도 자신이 없었음을 알게 되었다.

셰익스피어는 이렇게 말하고 있다.

'우리의 마음속에 자리 잡은 의심이란 게 다름 아닌 반역자이다. 시도하기 전에 미리 겁부터 내고 스스로 좀처럼 만나기 힘든 좋은 기회까지 놓치게 하는 것은 바로 의심이다.'

이 판매원에게는 무슨 일이든지 부정적으로 사고해 버리는 치명적인 결점이 있었다.

그래서 나는 그에게, '당신은 근원적으로 마음가짐이 잘못되어 있다.'고 말했다. 그는 승진이 바로 눈앞에 보이는 그때조차도 자신의 단점만을 생각했다. 그는 살아가는 데 있어서 해결해야 할 문제에 부딪히면 '틀렸다, 나로서는 어찌할 수 없다'고 항상 체념하곤 했다.

그러나 나와 이야기를 나누는 동안, 그는 자기의 정신 상태가 잘못되었음을 깨닫고 용기를 잃지 않고 극복해 나갈 것을 맹세했다.

'나는 생각이나 마음가짐을 근원적으로 바꾸어 보려고 합니다. 나에게 필요한 것은 더 많은 신념을 갖는 게 아니라, 지금 지닌 신념을 올바르게 사용하고 적용해 나가는 일입니다. 나의 잠재의식은 내가 믿는 대로 변화를 가져다줍니다. 나는 내 마음속에 있는 하느님을 믿고 있습니다. 하느님은 성공의 길로 나를 인도해 주십니다. 하느님의 지혜가 반드시 나에게 새로운 기회를 안겨준다는 것을 믿고 있습니다. 나는 지금 자신만만하고, 안정된 마음으로 온갖 시련을 헤쳐 나갈 능력이 있습니다. 앞으로는 무엇이든지 나에게 이롭게 작용하고, 기쁨에 넘치는 날들이 찾아올 것입니다.'

이렇게 해서 그는 거듭났다. 정신적으로는 물론, 감정적으로도 새로운 사람이 되었다.

그는 활력에 넘쳐 있었으며, 할 수 있는 데까지 생동감 있게 일과 부딪치곤 했다.

그 사이에 그는 부장급 이상의 중요한 지위에 오르게 되었다.

그는 넘치는 자신감과 희망을 가득 품고 일에 열중했다.

바로 이것이 신념의 마술인 것이다.

사람은 누구나 신념을 가지고 있다

사람은 누구나 나름대로 어떤 신념을 갖고 있다.

나는 언제나 실패한다, 병에 걸린다, 불행한 일만 겪는다고 믿는 사람도 있다.

신념을 가지라는 말을 어떤 사람에게서 들었을 때, 곰곰이 생각해 보면, 당신도 무엇인가에 대해 신념을 갖고 있음을 깨닫게 될 것이다.

문제는 그 신념을 어떻게 건설적으로, 아니면 부정적인 것으로 이용하느냐는 것이다.

우리의 신념을 상징하는 정신적 자세나 사고가 천국은 물론 지옥까지도 만들 수 있다.

그렇다면 당신의 신념은 어떤 것인가?

가장 위대하고 소중한 신념은 절대로 변하지 않는 영원한 법칙 위에 서 있다.

만약에 당신이 자기의 신념을 생산적으로 마음속의 하느님에게 인도하려 한다면 모든 어려움은 해결되고 새로운 길이 펼쳐질 것이다.

자기의 마음속에는 어떠한 문제라도 해결할 수 있는 열쇠와 온갖 병을 고치는 힘이 있다고 믿어야 한다.

자기에게는 공포·시기·고뇌, 또한 있지도 않은 위험에 대한 상정이 소용돌이치는 바다를 뛰어넘어 갈 수 있는 능력이 있음을 믿어야 한다.

보이지 않는 곳에 존재하는 신념

사도 바울은 성경의 〈히브리서〉에서 이렇게 말하고 있다.

"신앙이란 소망하고 있는 것을 확신하고, 아직 보지 않은 사실을 확신하는 것이다."

위대한 과학자·예술가·시인·발명가·실업가로 알려진 사람들은 모두가 선천적인 재능을 가지고 있으며, 눈에 보이지 않는 것을 먼저 생각해 내고, 만드는 데 절대적인 신념을 가지고 있는 사람이다.

과학자나 발명가는 자신의 '아이디어'의 실현될 가능성에 대해 아주 확고한 신념을 갖고 있다.

라디오는 이 세상에 나오기 전부터 이미 발명가의 마음속에 존재하고 있었다.

헨리 포드의 가슴 속에는 자동차를 발명하기 전부터 자동차의 형상이 머리속에 자리 잡고 있었다.

건축가의 머리에는 이미 준공된 건물이 그려져 있다.

이 책에 서술된 내용은, 이 책을 쓰기 전부터 저자인 내 마음속에 존재하고 있었다. 또한, 이 책은 내 마음속에서 자라난, 겉으로는 드러나지 않는 아이디어·사상·확신 들에 의해 완성되었다.

당신이 지금 시작하려는 희망·꿈·아이디어·놀이·창작·여행·사업·모험 들은 다른 사람들에게는 실제로 보이지 않더라도 이미 당신의 마음속에서 살아서 존재한다는 사실을 다시 한번 생각해 보길 바란다.

당신은 보이지 않는 마음속의 이러한 존재를 확인하여 그것을 모든 혼란과 공포를 억제해 가면서 실제로 현실의 것으로 만들어 가고 있다.

당신의 아이디어는 어떠한 것이든지 이미 당신 속에 존재하고 있다. 그리고 당신의 잠재의식이 그 현실에 대한 확고한 믿음을 가짐으로써 당신을 돕게 된다.

확신이 어느 한 점에 이르게 되면 당신의 잠재의식 속에 있는 필름이 현실의 세계라는 스크린에 투영된다. 이렇게 하여 비로소 당신의 수많은 아이디어가 현실로 나타나게 되는 것이다.

위험한 감정을 다스리면 승리가 보인다

몇 해 전 내가 샌프란시스코에서 강의하고 있을 때, 한 사람이 나를 찾아왔다.

그는 자기의 직장에서 물러나야 할 처지였기 때문에 완전히 자신감을 잃고 불행의 끝까지 떨어진 상태였다.

그는 대기업의 전무로 일하고 있었다. 그는 마음은 사장과 부사장에 대한 증오심으로 가득 차 이렇게 중얼거렸다.

"그 녀석들이 나를 쫓아내려고 한단 말이야."

회사 내에 그런 내분이 일어나고 보니 일의 성과가 있을 리 없고, 따라서 주식 배당도 있을 리 없었다.

자신감을 잃은 그는 일종의 욕구 불만에 사로잡혀 있었다.

그는 나에게 이렇게 자기의 주장을 내세웠다.

"나는 보이지 않고 들리지도 않는, 그리고 손에 닿지도 않고 맛을 볼 수도 없는 냄새 같은 존재를 믿을 수가 없습니다."

그래서 나는 그에게 물었다.

"당신은 자신의 오감五感으로 느낄 수 없는 것은 믿을 수 없다고 말하고 있는데, 그렇다면 당신은 당신 자신의 마음이 보입니까? 당신의 인생에 필요한 신조가 무엇인지 알고 있나요? 당신의 아이들에게 주는 사랑을 느낄 수 있었나요? 그리고 당신의 마음속에 있는 생각을 들여다볼 수 있나요?"

그는 지금 내가 무슨 말을 하려는지 이해했다.

"그래요. 저는 분명 지금 살아 있습니다. 그러나 내 일생을 현미경으로 들여다본다거나 연구소에서 분석해 볼 수는 없지요."

이야기가 계속되면서 일에 열중하고 마음의 평화와 성공을 원한다면 자신의 지성知性을 초월한 어떤 예지叡智와 힘에 자기 자신을 붙들어 매어 놓지 않으면 안 된다는 것을 그도 자연스레 깨닫게 되었다.

그는 잠재의식 속에 존재하는 힘을 정신적으로 모으는 것이 중요하다고 생각했다.

그래서 그는 날마다 다음과 같은 기도祈禱을 반복하여 문제를 해결하고자 했다.

'우리 회사에서 일하는 모든 사람은 회사의 성장과 번영을 위해 쇠사슬처럼 굳게 결속되어 있습니다. 나는 사장과 부사장은 물론, 직원 모두에게 나의 선의를 말과 행동으로써 보여 주었습니다. 나는 사장과 부사장을 선의와 사랑으로 대할 것입니다. 내 마음속에 존재하는 하느님의 지혜는 나에게 훌륭한 결단을 내릴 수 있도록 해 줍니다. 이것이 내 인생이 올바른 방향으로 나가는 첫걸음입니다. 나는 나를 비롯한 회사의 모든 사람에게 평화와 사랑과 기쁨, 그리고 조화로 가득 찬 마음의 사자를 보내겠습니다. 나는 지금부터 신념과 확신과 신뢰에 충실한 생활을 시작하겠습니다.'

그는 이러한 기도를 하루에 4~5회씩 그것이 자신의 진실임을 마음속으로 느끼면서 되풀이하여 속삭였다.

그는 진실과 사랑, 믿음과 생명감이 넘친 마음으로 이 말을 반복했다.

그러자 이 말은 차츰 그의 잠재의식 깊숙한 데까지 흘러 들어갔다.

낮에 일하는 동안 꽤씸한 생각이 든다든지, 의구심이나 두려움, 그리고 분노의 감정이 일게 되면, 그는 마음속으로 이렇게 중얼거렸다.

"하느님, 내 마음을 평화롭게 해 주소서!"

잠시 이렇게 기도를 하고 있노라면 어느새 위험한 감정이 사라지면서 마음이 안정되고 평화로워지는 것이었다.

얼마 후에 나는 그로부터 편지 한 통을 받았는데, 내용은 다음과 같았다.

'2주일 후에 사장과 부사장이 사장실로 불러서 가 보니 놀랍게도 두 사람이 그동안 잘못했다면서 악수를 청하는 것이었습니다.'

그의 신념은 되살아났다.

성공·선의·조화를 선택할 만한 능력이 자신에게 있음을 깨닫게 되었다. 또 회사의 운영을 잘해 나갈 수 있다는 사실도 스스로 인식했다.

그렇게 하여 그는 외부로부터의 압력이나 지시대로 행동하지 않고 감정이 시키는 대로 움직이지도 않게 되었다.

마음가짐에 따라 길은 열린다

노래를 썩 잘 부르는 여자 가수가 있었는데, 그녀는 영화나 텔레비전·라디오 방송 출연은 전혀 못 하고 있었다.

그곳에 출연하기 위해 아무리 테스트에 참여해도 자꾸만 탈락하였기 때문이다.

그러자 그녀는 신경쇠약에 걸려 일종의 거부반응 증세를 보이기 시작했다.

"나보다 훨씬 아름답고 매력적인 가수는 얼마든지 있어요. 나는 어떤 출연 계약도 할 수 없어요."

그녀가 나에게 호소했다.

"정말로 그럴까요? 마음가짐을 어떻게 가지느냐에 따라 달라지는 것이 아닐까요? 대체로, 당신이 구하는 상대는, 반대로 상대방 측에서 당신을 찾는 경우가 많지요. 마음을 다지고 있으면 하느님의 지혜가 당신에게 길을 제시해 줄 겁니다."

그녀는 내 말을 인식하고 나서 마음가짐을 다르게 가졌다.

테스트를 받을 때마다 항시 탈락한다는 지금까지의 신념을 버리고, 이번에는 반드시 합격하여 재능을 최대한 발휘하게 될 것이라는 신념을 갖고자 노력했다.

하루에 두 번씩, 그녀는 마음을 차분하게 가라앉히고 자신의 신념을 말함으로써 온몸의 긴장을 풀고 완전히 이완된 상태에 들어갔다.

그처럼 완전히 정지靜止된 모든 것을 받아들이는 편안한 상태에서 그녀는 자신의 주의력을 한 곳으로 모으고, 이미 자기의 손에는 영화에 출연하는 계약서가 들어 있다고 생각했다.

그녀는 계약서가 현실적으로 자기 앞에 놓여 있다고 느끼게 되었다. 그후, 그것은 현실로 나타났다. 2주일도 채 지나지 않아서 그녀는 텔레비전 연속 출연 계약서에 서명하게 되었다.

그녀는 마음속에서 상상의 계약서를 단단히 쥐고 있음으로써 언젠가는 반드시 이루어질 것이라는 확신을 품고 있었다.

그녀는 사고방식의 기본인 신념을 바꾸었다.

새로운 확신은 그녀에게 테스트 결과 합격이라는 영광을 안겨 주었다.

즉, 죽은 자를 살리고, 무無에서 유有를 불러일으키는 하느님의 기적이 나타났던 것이다.

지팡이에 의지했던 사람이 완쾌된 비결

몇 해 전, 인도의 폼페이에서 강의하고 있을 때, 다리가 불편한 한 영국인과 오랫동안 이야기를 나눈 적이 있다.

그는 지팡이에 의지하여 걷는 것조차 곤란할 정도로 다리가 불편했기 때문에 9개월 동안이나 집 밖으로 나가질 않았다.

나는 그에게, 만약에 당신이 걸을 수 있다면 무엇을 하겠느냐고 물으니 이렇게 대답했다.

"수영하고 골프도 치고 싶습니다. 매년 다니곤 했던 알프스 등산도 해보고 싶고요."

이것이야말로 내가 기대했던 대답이었다.

나는 그가 걸을 수 있는 가장 간단한 방법을 설명했다.

"우선, 다리가 건강할 때의 당신 모습을 상상하십시오. 하루에 세 번씩, 한 번에 15~20분 동안 조용히 의자에 앉아 자신이 수영하는 모습을 상상하는 것입니다. 그러면 당신은 수영하는 것과 똑같은 기분을 느끼게 될 것입니다."

그는 내가 지시한 대로 따랐고, 드디어 그는 자신이 실제로 수영하고 있는 것처럼 느끼기 시작했다. 그는 마음속으로 자신의 두 손이 물결을 헤치고 앞으로 나가는 것을 느낄 수 있었다.

정오가 되면, 그는 정신을 가다듬고 몸을 편안히 정지시킨 다음, 알프스 등산을 위해 등산복을 차려입은 자신의 모습을 생각해 보았다.

알프스의 산을 오르는 느낌을 물리적으로 재현하기 위해 모든 노력을 기울였다.

그는 알프스의 맑은 공기를 직접 피부로 느끼면서 등산가들의 외침 소리를 들었다. 그는 매일 자기 자신이 만든 연극을 마음속에 그대로 나타내곤 하였다.

또 밤에 잠들기 전에, 골프를 치고 있는 모습도 상상했다. 굴러가는 공을 지그시 지켜보면서 한껏 즐기는 모습을 떠올리면서 잠에 빠져들었다.

그렇게 2개월이 지나자 그의 다리는 완쾌되었다.

따라서 그는 그동안 자신이 하고 싶었던 일을 모두 할 수 있게 되었다.

그의 경우, 반드시 이루어지리라는 간절한 소망이 점점 그의 잠재의식을 채워 주었고, 이 상상에 의한 마음속의 연극이 그의 욕구 불만을 해소해 주었다.

신념은 당신의 현재와 미래를 형성한다

사람은 누구나 자신이 어딘가에 서 있는 것을 볼 수 있다.

그러나 당신의 동기·감정·신념·신뢰감·꿈·희망·생활 신조까지 알 수는 없다.

이 점을 상기하면, 당신은 자신이 절대로 외부의 힘으로 꺾이지 않고, 신성불가침이며, 영원히 소멸하지 않는 존재임을 깨닫게 될 것이다.

당신은 환경의 영향을 받는 나약한 인간도 아니며, 외부로부터 압박을 받는 노예도 아니다.

하느님의 생활이 바로 당신의 생활이며, 당신의 움직임 자체가 곧 하느님의 움직임이다.

당신의 마음속엔 항상 하느님이 존재하며, 하느님과 당신은 같다.

당신의 일상에서 생기는 모든 일은 외부로부터 보이지 않는 당신의 신념이 표현된 것이다.

하느님이라고 불리는 전지전능한 존재가 당신의 사고와 감정을 받들어 준다.

신념의 상태에 따라, 당신 자신의 현재와 미래가 형성된다.

또 당신이 절실하게 원하던 일이 실현된다.

'······ 행함이 없는 믿음은 그 자체가 죽은 것이라.'

〈야고보서〉 제2장 17절

다시 말하면, 당신은 신념의 성과를 마음과 육체 속, 그리고 여러 갈래로 벌어지는 사건 속에서 볼 수 있다.

신념의 힘은 당신의 일에는 물론이고, 가정과 건강 상태, 그리고 그 외 당신이 접촉하는 모든 것에 나타난다.

또한, 올바른 신념과 적극적인 확신에 대한 정립은 건강·행복·평화·사랑·선의·부富·안정·침착·유쾌·평정 등과 같은 성과를 함께 가져다 준다.

잠재의식은 올바른 길을 가르쳐 준다

최근의 일이다. 한 소녀가 수입이 더 많은 뉴욕의 근무지로 옮길 것인가, 아니면 로스앤젤레스에서 현재 하던 일을 계속할 것인가를 고민하며 망설이고 있었다.

그녀는 혼자 차분히 마음을 가라앉히고 생각해 보았다.

어느 쪽을 선택해야 좋을지, 올바른 결정을 하고 났을 때, 기분은 어떠할까? 물론 굉장할 거야. 올바른 선택을 할 수 있었으니 행복한 기분이 들거야. 올바른 해답을 얻었다 생각하고 기다려 보자. 그러면 반드시 올바른 결정이 나게 될 거야.'

그녀는 자신에게 묻고 대답하였다.

그러자 그녀는 자기의 의식적인 노력으로 올바른 해답을 얻은 느낌이 들었다.

그녀는 생명의 창조적인 원리는 사랑과 감응의 원리이며, 그것은 그녀를 사랑하고 있고, 반드시 그녀를 보살펴 줄 것을 알고 있었다.

'참으로 굉장하구나! 아주 멋져!'

그녀는 이 말을 자장가처럼 되풀이했다. 그러고는 굉장하다는 감정에 휩싸인 채 잠에 빠져들었다.

그날 밤, 그녀는 꿈을 꾸었다.

그 꿈속에서 '지금 그대로, 현재 그대로'라는 소리가 들려왔다.

꿈에서 깨어난 그녀는 그 소리가 마음속 직관의 소리임을 이해했다.

그녀의 잠재의식은 무엇이든지 보고 알고 느꼈다.

그리고 그날 밤 꿈속에서 들린 소리는 그녀에게 바른길을 알려 주었다.

그녀는 현재 다니는 직장에서 그대로 일하기로 결심을 굳혔다.

그러고 나서 얼마가 지났는데, 그녀가 하마터면 옮겼을 뻔한 뉴욕의 회사가 파산하고 말았다.

그녀의 마음속에서 들려오는 소리가 옳았다.

자신 속에 감춰 있는 신념의 힘을 믿어라

① 신념이란 마음의 상태로 마음가짐을 뜻하며, 이로써 성과가 나타난다.

② 당신은 지금부터 새로운 신념을 갖기 위해 노력하지 않아도 된다. 당신은 이미 충분한 신념을 갖고 있기 때문이다. 다만 그것을 건설적인 데 쓰도록 노력하고, 밝은 방향으로 이끌어 가고, 건강·성공·평화·행복에 관해서도 확신하라.

③ 사람은 누구나 무엇인가에 대해 신념을 갖게 마련이다. 당신의 신념은 어떠한가? 진실로 뜻있는 신념이란 영원한 법칙 위에 있고, 영원한 가치를 지닌 것이다.

④ 신념은 눈으로 볼 수 없고, 사물의 본질도 보이지 않는다. 과학자는 위대한 신념의 소유자이다. 그들은 마음속의 아이디어가 기필코 이루어질 것을 믿고 있다.

⑤ 자기의 마음·생명·사랑은 눈에 보이지 않는다. 신념 역시 마찬가지이다. 그러나 당신은 자신의 마음이나 신념을 눈으로 볼 수는 없지만, 가장 굳세고 강력한 영원한 것에 연결할 수는 있다.

⑥ 실패나 부정 같은 소극적인 확신을 하지 말고, 적극적인 성공. 긍정. 생생한 생활에 대한 신념을 갖도록 하라.

⑦ 자신에게는 병을 고칠 수 있는 능력이 있다고 확신하라. 당신은 완전한 자

기를 만들기 위해 모든 것이 실제로 나타나고 있다고 상상하며 느껴라.

⑧ 당신의 신념은 곧 당신의 마음이다. 그리고 당신의 잠재의식 속에는 당신
의 어떠한 물음에도 응답해 주는 전능하신 하느님이 존재한다. 이것이 외
부로부터의 공격이나 환경의 변화를 이겨 나갈 수 있는 이유가 된다.

⑨ '이렇게 되면 좋겠는데' 하고 생각한다면, 자신이 그렇게 되어 있는 것처
럼 생각하라. 장차 바라는 일을 지금 하고 있다고 생각하라. 그러면 신념
의 마법과도 같은 힘은 당신의 인생에 기적을 일으켜 줄 것이다.

04

온갖 불행과 번민으로부터
탈출하는 비결

These truths can change your life

정신적 고뇌의 육체적 파괴가 얼마나 중요한 문제로 다루어지는지 의학적인 회의에서 언제나 주요 현안으로 취급된다는 사실로도 알 수가 있다.

인류의 몇백만 명이 정신적인 고뇌로부터 생긴 병에 시달리고 있다.

대개, 고민을 안고 있는 사람은 무엇이든지 잘못된 방향으로 치닫는다는 예상을 한다.

그것은 주로 하느님에 대한 신뢰의 결핍이 그 원인으로 밝혀졌다.

그들은 아직 일어나지도 않은 일을 골똘히 생각하고 몸무게가 줄어들 정도로 걱정을 일삼는다.

그들은 아마 나쁜 일이 생기는 이유에 관해서도 상세히 설명할 것이다.

그러나 반대로, 좋은 일이 생기는 이유에 관해서는 설명을 거부한다.

이처럼 만성화된 걱정이나 고뇌는 그들의 정신과 신체를 불안하게 만들고 결국 질병이 되어 나타나는 것이다.

만성적인 불안증을 물리친 어느 약국 주인

"어쩐지, 약국이 잘 될 것 같지 않습니다. 다른 사람에게 넘기고 싶은 생각까지 듭니다. 지금은 제법 손님이 있는데 얼마 못 가 파산할 수도 있습니다. 전 어떻게 하면 좋을지, 걱정 때문에 잠을 이룰 수가 없답니다."

어떤 약국 주인이 나에게 호소를 해 왔다.

"톰, 당신의 약국에 어떤 문제가 있는지 말해 주겠어요?"

하고 내가 물었다.

"아니 현재로서는 아무런 문제도 없습니다. 하지만 뭔가 좋지 않은 일이 일어날 것만 같아 두렵습니다. 지금 전 병에 걸리고, 아내는 불안에 떨고 있습니다. 그런데 어떻게 살 수 있겠습니까? 이미 걱정을 하게 된 건 어쩔 수 없지 않겠습니까?"

그의 약국은 잘 되고 있었다. 얼마간 은행 예금도 있는 데다가 오히려 손님도 다른 가게보다 많을 정도였다.

그러나 그의 부정적인 사고방식으로 인해 열의와 힘을 빼앗기고 있었다. 게다가 그는 자기의 몸이 자꾸만 쇠약해진다고 생각했으므로 그럴 때 무슨 일이라도 생긴다면 그는 절망 속에 빠지고 말 것 같았다.

그래서 나는 그에게 다음과 같이 조언해 주었다.

"만일 계속해서 쓸데없이 걱정만 한다면 반드시 그것이 사실로 나타나게 됩니다. 당신의 잘못은 그릇된 믿음을 갖고 있다는 것입니다. 그런 것은 마음을 달리하면 쫓아 버릴 수 있습니다. 자기의 생각이나 인생은 자기 자신만이 통제할 수 있음을 명심해야 합니다."

그다음에, 그의 가게를 위해 다음과 같은 기도를 알려 주었다.

'나의 가게는 신의 가게이다. 신은 모든 면에서 내 편이 되어준다.

신은 놀랄 만한 힘으로 나의 가게를 번창시킨다. 내 가게에서 일하는 사람 모두가 그것을 믿고 있다.

나도 그 사실을 깊이 깨달으며 확신한다.

나는 모든 문제가 잠재의식 속의 무한한 지혜에 의하여 해결된다는 것을 알고 있다.

나는 안정과 평화 속에 있으며 사랑과 조화로 둘러싸여 있다.

나는 거래하는 사람들과도 조화를 이룬다. 하느님의 지혜는 사랑이 바탕이 된 행동을 표현하는 가장 좋은 방법을 나에게 가르쳐 준다.

나는 손님들 속에서도 신이 존재한다는 것을 알고 있다.

나는 번영·행복·평화를 향해 사람들과 협조하면서 전진한다. 부정적인 생각이 떠오르면 즉시 성경 말씀을 외치며 쫓아 버린다.'

"내가 사망의 음침한 골짜기로 다닐지라도 해를 두려워하지 않을 것은 주께서 나와 함께 하심이라."

〈시편〉 제23장 4절

그는 이 진리를 확신하기 위해 밤낮을 가리지 않고 적극적인 사고방식으로 바꾼다는 기도를 되풀이했다.

부정적인 생각이 스치기라도 하면, '신은 나와 함께 존재한다.'하고 부정적인 생각을 떨쳐버린다.

그는 온종일 '신은 나와 함께 존재한다.'를 천 번도 넘게 되풀이하며 기도했다.

얼마 후, 그의 만성적인 불안증은 계속된 이 단순하고 규칙적인 기도로 완전히 사라져 버렸다.

그는 신과 함께 존재함을 깨닫고, 자기 자신이 모든 부자유스러운 속박으로부터 해방되었음을 느낄 수 있었다.

불행한 부부를 구원해 준 기적의 기도문

어느 날 나는 한 부인으로부터 다음과 같은 편지를 받았다.

제 남편은 종일 방구석에서 술만 퍼붓고 아무런 하는 일 없이 불평만 늘어놓고 있습니다.

그는 번민만 안겨준답니다. 의사는 제가 걱정이 너무 많아 불안증세를 보인다고 말합니다. 그래서인지 저는 천식과 고혈압 증세가 있기도 합니다. 남편이 저를 죽일 것처럼 느껴집니다.

나는 이 편지를 읽은 후 다음과 같은 답장을 보냈다.

"걱정이 계속되면 나중에는 천식·고혈압·알레르기·심장 부전·당뇨병 같은 병에 걸립니다. 이것은 정신 의학계에서도 잘 알려진 사실입니다. 이런 것을 치유하는 방법은 기도에 의한 자기 암시밖엔 없습니다. 그러므로 부인도 다음과 같은 기도를 하루에 몇 번씩 계속 반복하도록 하십시오.

그 기도를 이야기해보겠습니다.

나의 남편은 하느님의 아들이다. 남편은 하느님의 의지로 움직이고 번영과 평화, 행복과 기쁨에 넘친 날들이 신에 의해 이루어진다.

남편이 지닌 힘이 충분히 발휘되어 많은 수입을 올리게 된다.

남편의 생활신조는 금주禁酒와 마음의 평화이다. 직장에서 돌아온 남편은 밤마다 새로운 일의 즐거움을 이야기한다.

신은 이 같은 나의 모든 소망을 들어준다."

그러고 나서 나는 그녀에게 날마다 마음속으로 되풀이하여 잠재의식에까지 흘러 들어갈 문구를 써 주었다.

자기 자신이, '이제 당신은 건강해졌습니다.'라는 의사의 진단이 마음속에 떠오르도록 하기 위해서이다.

그것은 다음과 같다.

'신이 이 세상에 태어나게 하셨다.'

나는 신의 조화·평화·풍요로움을 가지고 있다.

나를 통해 솟아나는 하느님의 사랑이 주위의 사람들에게 스며든다. 나의 병은 신의 사랑으로 채운다. 신이 내 마음속에 있는 한 아무것도 두렵지 않다.

나는 언제나 성스러운 하느님의 사랑과 힘으로 보호받는다. 신의 사랑과 인도로 가족의 병이 치유되고 행복이 찾아올 것을 확신한다.

나는 모든 사람을 용서해 준다.

신의 사랑·선의·평화를 모든 사람에게 나누어 준다. 내 마음속은 안일로 충만하여 모든 것은 신의 인도를 받는다.

나는 하느님의 사랑·진리·광명·미가 나를 통해서 흐른다.

나는 하느님의 평화가 내게서 흘러나오는 것을 느낄 수 있다. 나의 모든 번민은 신의 의도대로 해결된다.

신의 길이 곧 나의 길인 것이다.

내가 중얼거리는 말은 그대로 실현되고 있다. 나의 기도가 실현되는 것을 기쁘게 받아들이며 감사를 표시한다. 나의 기도는 기필코 이루어진다.

그로부터 2주일 후, 그녀로부터 편지를 받았다.

선생님이 가르쳐 준 기도는 굉장한 결과를 가져왔습니다. 지시대로 기도했더니 마음속에 이상적인 남편의 모습이 떠오르는 것이었습니다. 그러자 남편은 제정신으로 돌아와 술을 끊고 직장에도 나가게 되었습니다.

현재 주급 120달러를 받고 있습니다. 그리고 제 혈압을 검사한 의사로부터 정상이라는 말을 들었습니다. 그리고 최근에는 천식약도 필요가 없게 됐습니다.

오랫동안 쌓여온 부정적인 사고와 마음속의 그릇된 상상이 그녀에게 지속해서 번민을 만들었다.

그녀는 나의 가르침을 정신적·감정적으로 완전히 이해하고 그것이 그녀의 잠재의식 속으로 스며들자 새롭게 태어났다.

그녀는 마음속으로 자기의 생기발랄한 모습, 성공한 남편의 모습을 떠올리게 되었다. 그런 상상이 그녀의 잠재의식 속에 들어선 순간, 모든 것이 실제로 이루어졌다.

당뇨병의 주범은 근심·번민, 그리고 정신적 긴장이다

프랜더스 단버 박사는 그의 논문에서 정신적인 고민과 당뇨병과의 관계에 대해 다음과 같이 밝히고 있다.

1935년 W. C. 메닝거는 당뇨병의 그 심리적 요인에 관해 두 개의 연구 논문을 발표했다.

당뇨병의 발생은 심리적 요인이 중대한 역할을 한다고 주장하는 사람들이 있음을 알게 되었다.

그들의 의견은 대략 다음과 같다.

첫째, '당뇨병은 근심이나 번민이 원인으로 작용한다'는 것이 1891년 모즈레이와 사바, 두 정신 의학자에 의해 발표되었다.

둘째, 흥분이라는 심리적인 충격이 원인이 된다.

셋째, 당뇨병을 일으키는 가장 중요한 요인은 근심·번민·정신적 긴장이다.F. M.아렌 내과의사

넷째, 감정 장해感情障害와 당뇨병 초기 증상의 현저한 일치에 관한 논설.

메닝거는 내과의內科醫의 임상臨床 실례를 토대로 대게 이 병은 정신병리학적 측면에서 심층심리深層心理에 의해 생긴다고 했다.

메닝거는, 당뇨병은 감정의 상태에 의하여 촉진되거나 악화한다는 주장이 모든 논설에서 일치하고 있음을 지적하고 있다.

그는 '당뇨병에 걸리면 심리적 요인이 그 증상에 중대한 영향을 미친다'

는 주장에는 아무도 부정하지 않지만, 같은 요인이 물질대사부전物質代謝不全을 일으킨다는 점에 관해서는 아직 이견이 분분하다고 진술하고 있다.

메닝거는 30건의 당뇨병·정신장애에 관한 예를 그 자신의 임상 실례를 토대로 소개하고 있다.

그에 따르면 의기소침과 근심이 당뇨를 일으키는 가장 일반적인 정신 상태임이 입증되었다.

그는 당뇨병 환자에게서 정신신경증은 가끔 나타나지만, 정신질환을 찾아볼 수 없다는 것을 발견했다.

그의 최초의 보고서에 예를 든 22명의 환자 중에 12명은 외적 증상으로서 편집병적 환각을 나타냈다.

또 22명 중 5명은 분명히 심리적 장해가 원인으로 작용하여 당뇨병을 일으켰다고 의사에게 보고했다.

그러나 메닝거는 당뇨병의 발병 원인을 밝히기 위해서는 지속적인 병리학적 연구가 필요함을 지적하고 있다.

또 그는 '당뇨병적 인격 반응'으로 명칭을 공식화할 계획을 하고 있다.

당뇨병 연구의 단계와 성과를 알고 싶은 사람은 단버의 《정신신체 상관진단Psychosomatic Diagnosis》과 《정신신체 상관진단의 개론과 치료Psynopsis of Psychosomatic Diagnosis and Treatment》를 읽으면 많은 도움을 받을 수 있을 것이다.

고민이 또 다른 고민을 부를 때의 기도문

하루는 어떤 회사의 중역이 나를 찾아와 호소하였다.

"다음 임원 회의 날짜가 다가오고 있지만, 아무래도 사장으로 승진할 것 같지가 않습니다. 나는 항상 불안정한 상태에 놓여 있지만 이게 고민이 되어 아무래도 신경쇠약에 걸린 것 같습니다."

그의 이야기를 듣는 동안 나는 그가 항상 근심과 고민 속에서 생활해 왔음을 알게 되었다.

그래서 나는 그에게 조언해 주었다.

"당신이 고민에 쌓이는 원인은 당신 스스로 승진할 수 없다고 생각하기 때문이오."

하지만 그는 나의 의견에 수긍하지 못했다.

어쨌든 나는 다음과 같이 말했다.

"당신 마음속에 사장이 된 자신의 모습과 모든 직원이 축하해 주는 장면을 그려 보십시오."

그는 나의 지시대로 따르게 되었고, 다른 임원 회의에서 정식으로 사장에 선출되었다.

그런데 1개월 정도 지났을 때 그가 다시 나를 찾아왔다.

그는 매우 불편한 모습을 하고 있었다.

의사의 진단 결과, 혈압이 위험 수치까지 올라갔다는 것이었다.

"당신이 고민한 것은 승진하는 것이 아니었습니까? 현재 당신은 소원대로 사장이 되었어요. 그런데 또 무엇을 고민하는 겁니까?"

나는 그에게 물어보았다.

"네, 분명히 난 사장이 되었습니다. 하지만 오래 그 자리에 있을 것 같지가 않아요. 제 판단이 잘못되어 회사의 경영이 적자로 돌아설지도 모르고⋯⋯. 그러면 전 직원이 나를 사장 자리에서 물러나라고 요구할 게 아니겠습니까?"

이것이 그의 고민이었다. 그는 나의 조언을 들으면서 자기의 마음속을 열게 되었다.

그는 갑자기 자기 자신이 기도를 잊고 있었으며, 마음속에 존재하는 하느님의 힘과 편안함을 끌어낼 수 있는 기도를 습관화하지 못했음을 깨달았다.

그러므로 그의 고민이 신체에까지 해를 끼쳤다.

그는 자기 자신이 그 고민을 만들고 있다는 사실과 기도함으로써 새롭게 출발할 수 있다는 명백한 진리를 깨닫게 되었다.

나는 그에게 기도의 문구를 알려 주고, 아침에 눈을 뜨자마자 되풀이하도록 지시했다.

'항상 내 마음속에 존재하는 신 속에 해답이 있다는 것을 알고 있다. 나는 지금 침착과 평정 속에서 몸을 가다듬는다. 나는 아주 편안한 상태에 있다. 나는 신이 혼란을 피해 평화로움을 이야기한다는 것을 안다.

현재 나는 신과 호흡이 일치하고 있다. 나는 신을 통해서 올바른 해답이 찾아진다는 것을 확신한다.

나는 당면한 문제와 그 대책에 대해서 신중히 생각한다. 나는 먼저 문제가 해결되었다는 믿음을 갖기로 한다. 그러면 실제로 문제가 해결된 듯한 느낌을 받는다.

이것은 내 안에 숨어 있는 신의 능력이 발휘된 것이다.

신은 전지전능하며 신은 자기 자신을 분명하게 나타낸다. 나는 문제가 해결되었음을 느끼며, 행복감으로 충만하여 있다. 나는 이 같은 느낌으로 감사를 표시한다.

전능하신 신은 항상 올바르게 적절한 해답을 알고 있다. 신은 내 마음속에 존재하는 전지전능의 힘인 것이다. 신은 모든 지혜와 빛의 원천이기도 하다.

지금 나는 평화와 조화를 느낌으로써 내 안에 신이 존재함을 깨닫는다.

나에게 정신의 긴장이나 마음속의 분란 따위는 존재하지 않는다. 나는 하느님의 힘을 조금도 의심하지 않는다.

내게 필요한 모든 지혜와 용기는 내 마음속에 간직되어 있으며, 나를 성공으로 이끌어 인생을 빛나게 해 준다.

나는 아주 자유롭게 행동한다.

나는 내게서 흘러나온 신의 평화가 자신과 주위 사람들을 충만하게 해 준다는 것을 안다.

나의 평정 속에서 반드시 올바른 해답이 떠오를 것이다. 나는 나의 문제를 하느님에게 일임한다.

나를 위한 신의 해답이 준비되어 있으며, 나는 편안한 상태를 유지한다.'

그는 이 같은 기도를 아침마다 세 번씩 반복했다.

이 진리가 잠재의식 속에 뿌리내리고, 그로부터 건설적인 사고방식이 생겨나며, 치유력이 솟구친다는 믿음으로 기도하는 것이다.

그는 이제 자신 속에 있는 신의 항구에 정착하고, 신과 함께 존재한다는 것을 깨닫게 되었다.

신과 함께 존재한다는 확신이 고질적인 고민에 대처할 수 있는 절대적인 믿음을 심어 주었다.

이처럼 마음을 다진 그는 마음의 평정을 유지하며, 절대 흔들리지 않는 훌륭한 사장이 되었다.

아들의 사고를 걱정하는 어머니의 기도

최근 아들이 학교에 다니게 된 젊은 어머니가 여러가지 자신의 고민을 털어놓았다.

그 어머니는 자기 아들이 천연두에 걸리거나 맨홀에 빠지지는 않을지, 혹은 자동차 사고가 일어나는 건 아닐까, 등의 걱정으로 고심하고 있었다.

"아무래도 걱정이 앞선답니다. 어떻게 해야 할지, 정말 모르겠어요."

나는 아들의 불운에 대해서는 생각하지 말고, 어린이를 위한 즐겁고 좋은 일들이 많음을 상기하라고 조언했다.

"마음을 열고 신이 주관하는 일을 떠올리십시오. 하느님은 당신의 아들을 사랑하고 항상 주의를 기울여 보호합니다. 신은 언제나 당신의 아들을 보살펴 줍니다. 신은 사랑으로 어린이를 감싸 안으며 돌보고 있습니다."

그녀는 아들의 축복을 기도하게 됨으로써 걱정이나 사고에 대한 두려움으로부터 해방될 수 있었다.

그녀는 기도를 하나의 습관으로 길들였다. 기도란 습관화해야지만 효과가 나타나는 것이다.

그녀의 자기 아들에 대한 부정적인 사고와 걱정은 그녀의 마음속에서 생기는 파괴적이며 부정적인 감정을 그대로 내버려 두었기 때문에 나타나는 것이다.

당신도 그녀처럼 〈시편詩篇〉에 나오는 다음과 같은 구절을 반복하면 걱정이나 번민이 사라지게 된다.

'나는 산을 향해 눈을 뜨고 쳐다본다. 나의 도움은 어디서 올 것인가.'

이것을 규칙적으로 되풀이하도록 한다. 그러면 마음의 번민에서 벗어나게 된다.

번민이 생기면 마음을 반대쪽으로 돌리라

번민이 생기면 주의나 마음을 반대쪽으로 돌리는 것이 상책이다.

그러면 당연히 자기 자신을 충만 시키는 상황이나 경험·사건이 발생하게 된다.

번민이 생기는 것은 자기의 마음을 부정적이고 파괴적으로만 이용하고 있기 때문이다.

번민·공포·걱정 등은 신체를 파괴한다

몬트리올 의과대학의 경험약학經驗藥學과 외과의 권위 있는 한스 세리에 박사는 번민·공포·걱정 등이 인간의 신체에 미치는 파괴적인 영향에 관하여 다음과 같은 논문을 발표했다.

만일 행위 중에서 정착된 정신적 스트레스일반적 방어 시스템가 일시적인 성질이 아니라 계속해서 나타난다면 아드레날린선線은 호르몬의 분비를 자꾸만 억제시키려고 한다.

그러나 이것이 자기방어와 관련이 없는 다른 내장內臟에 대하여 큰 장해를 일으키게 된다.

따라서 관절염이나 당뇨병 등, 이른바 신경정신과 계층의 질병에 걸리게 된다.

또 그 정신적인 스트레스가 일반적 허용치를 넘어 가속화될 경우, 아드레날린은 고갈해 버린다. 그 아드레날린은 황색에서 갈색으로 변색하고 위궤양이 생기게 된다.

결국, 여러 가지 신체의 기능과 병에 대한 저항력이 상실되어 체력이 현저하게 감퇴한다.

이 경우, 특별한 치료가 이루어지지 않는다면 환자는 심근경색증에 걸리기 쉬우며, 심장은 급격히 쇠약해지고 만다. 현재 치사율이 가장 높은 것은 심장 질환인 것으로 알려져 있다.

세리에 박사의 논문에 의하면, 신체의 방어 기능은 한 가지에 대해서만 그 효과가 나타나고 있다.

이를테면 골절로 인한 통증을 느낄 경우, 그에 의한 정신적 긴장은 다른 신체의 일반적 기능을 지속시키면서, 이 골절을 고치기 위해 몇백 개의 특별한 활동이 신체 속에서 조직을 이루게 된다는 것이다.

만일 이 골절 치료를 하는 도중에 또 다른 정신적 스트레스가 일어났을 경우, 골절의 완전한 치유는 기대할 수 없으며 만성이 될 수가 있다.

다른 질병의 경우 골절보다도 더 만성화되기가 쉽다.

그러므로 신체의 자기방어 조직이 신체의 기관이 아닌 정신적 긴장 때문에 폐렴·감기·인플루엔자에 대한 면역 저항력은 현저히 떨어질 수밖에 없다.

마음속의 영상이 현실로 나타난다

어떤 젊은 인턴이 자기의 장래에 관해 고심하다가 노이로제에 걸릴 지경에 이르렀다.

그러던 중 나의 저서를 읽고 나서, 자기 자신이 마음속으로 미래에 대해서 상상하는 방법을 깨달았다.

'나는 종합 병원에서 스태프가 되어 일한다. 번화가에서 큰 병원을 경영하고 있다. 제복을 입은 운전사가 자동차를 세워놓고 나를 맞이해 준다. 나를 부러워하는 친구들의 모습이 보인다.'

그는 이처럼 마음속으로 상상을 하였다. 그는 그런 영상을 언제나 눈앞에 펼치고 있었다. 그것은 그의 마음에 찍혀진 영화와 마찬가지였다. 그는 꿈의 실현을 위하여 정성을 다했다.

만일 의지가 약해지거나 마음이 흐트러지면 의식적으로 이 영화를 마음속에 그려보곤 했다.

얼마 후, 높은 곳에 존재하는 힘이 그를 위해 움직이기 시작하여 그의 커다란 꿈을 격려해 주며 그 상상을 현실로 나타나도록 돕게 되었다.

먼저 그는 병원의 외과 부장에 의해 조수로 선택되었다.

거기에서 그는 의사로서 인정을 받았고, 부호의 딸과 결혼도 하게 되었다. 신부의 아버지는 큰 병원을 지어 주었고, 운전사가 딸린 자가용까지 마련해 주었다.

이것이 바로 젊은 인턴이 걱정과 번민의 습관을 완전히 바꾸어 버린 방법이다.

사고방식이야말로 자기 자신을 새롭게 바꾸는 방법이다.

고민을 극복하는 네 가지 방법

첫째, 자기 앞에 놓인 난관을 방관함으로써 시간을 낭비해서는 안 된다. 인간의 마음이란 긴장될 때는 조화롭게 움직일 수가 없기 때문이다.

둘째, 난관에 부딪히게 된다면 즐겁고 유쾌한 일을 해서 긴장을 풀어 주어야 한다.

셋째, 문제에 직면해 맞서지 말라.―당신은 그것을 충분히 극복할 수 있다.

넷째, 긴장을 풀려면 드라이브나 산책, 또는 홀로 바둑을 두는 것도 좋은 방법이다. 그리고 좋아하는 성경 구절을 읽는 것도 도움이 된다. 해브라이인에게 보내는 편지 제11장이라든가, 고린도에게 보내는 제1의 편지 제13장이라든가, 〈시편詩篇〉 제46편 등을 반복해서 읽은 다음, 그 참뜻을 마음속에 간직하도록 한다. 그러면 마음속에 고요가 찾아들고 조화와 편안한 느낌이 든다.

억압된 감정을 건설적인 생각으로 바꾸라

당신의 정신에 깃든 아주 오래전에 억압되었던 감정을 없애기 위해서는 정신적·심리적인 방법에 따라야만 한다.

그런 감정으로부터 빠져나오기 위해서는 지금까지와는 다른 방법을 쓰는 게 좋다.

예컨대 소극적인 생각 대신에 적극적이며 건설적인 생각으로 채우는 것이다.

부정적인 생각이 든다면 그것들과 대항하지 말고 이렇게 말하라.

"나는 하느님에 대한 믿음이 확고하며 모든 것이 훌륭하다. 나는 항상 하느님의 사람으로 보호받는다."

그러면 캄캄한 어둠 속에 한 줄기 빛이 스며들 듯이 당신의 마음속에는 부정적인 생각 대신에 긍정적인 사고가 들어설 것이다.

이처럼 위대한 진리 속에 있으면 항상 신념과 신뢰의 감정이 솟구쳐서 부정적인 감정을 무기력하게 만들어 버린다.

평정을 되찾기 위한 세 단계의 기도祈禱

　제1단계는 아침에 눈을 뜨는 순간, 신을 향한 기도 속에서 신의 사랑을 받는 자녀임을 깨달아야 한다.

　신체를 편안히 한 다음 마음속의 신과 대화를 나누도록 한다. 신 앞에서 어린이가 된 것처럼 행동한다.

　신의 존재를 조금도 의심치 말며, 하느님이 자기를 이해해 주고 있음을 알아야 한다.

　제2단계는 사랑이 충만한 마음으로 다음과 같이 속삭여 본다.

　'신에게 화창한 하루에 대해 감사를 드린다. 오늘은 신의 날로서 기쁨과 평화, 행복과 성공이 흘러넘친다. 나는 행복한 기대에 부풀어 하루를 시작한다. 신의 지혜가 온종일 나를 인도한다. 신은 나를 돕고 있으며, 내가 하는 모든 일은 훌륭한 성과를 올리게 된다. 나는 하느님의 인도를 확신하며, 신의 사랑으로 충만해짐을 느낄 수 있다.'

　제3단계는 용기를 내서 다음과 같이 선언을 한다.

　'나는 신의 의지를 확신한다. 신은 언제나 나를 지켜준다. 자, 새롭게 시작하기로 하자. 나는 평정을 되찾아 생기발랄하며 침착을 잃지 않는다. 나의 행동은 곧 신의 행동인 것이다. 신의 법과 질서에 의해 모든 것이 조화를 이룬다.'

　이 세 가지 단계를 습관적으로 되풀이해야 한다.

　만일 마음이 혼란스럽거나 부정적인 생각이 들면, 이 중에서 한 가지라도 적용해 보도록 한다.

그러면 당신의 마음은 평정을 되찾게 될 것이다.

마음의 평화를 얻는 요령

① 번민이 시작될 때는 대개 일어날 것 같지 않은 일로 갈팡질팡한다. 그것
은 당신의 생명력과 힘을 소모하는 짓이다.

② 번민의 대상은, 아직 일어나지는 않았지만, 장차 일어날 것 같이 예상되
는 일들이다. 현재 당신의 마음가짐을 바꾼다면 당신의 미래도 바뀌게 된
다. 당신의 장래는 현재 당신의 생각대로 나타나게 된다.

③ 항상 나쁜 일이 생길 것처럼 걱정하게 되면 반드시 그대로 실현되고 만다.

④ 부정적인 생각과 기운이 솟구치면 '신은 나와 함께 존재한다'고 말을 되풀
이해서 떨쳐 버리도록 한다. 이 말은 단순한 마음의 동요인 부정적인 생
각을 쫓아내 버린다.

⑤ 배우자나 타인에 대해 고민하고 있다면, 자기가 바라는 모습을 마음속으
로 상상하도록 한다. 그것이 어떤 경우에는 기적을 부르기도 한다.

⑥ 항상 망설임 속에 갈피를 못 잡는 사람은 자기 자신이 직면한 문제에 대
해 심각한 고민을 하는 게 아니다. 그런 사람은 마음이 불안정한 상태에
놓여 있다. 신과 함께 존재한다는 사실을 자각하지 못하기 때문이다.

⑦ 학교에 다니는 어린 자녀 문제로 고민하지 말라. 신은 항상 당신의 자녀
곁에 존재한다. 신은 사랑과 평화로 어린이들을 보호하고 있다. 언제나
어린이들은 신의 사랑에 의해 보살펴지고 지켜진다.

⑧ 번민하고 있다면, 당신은 곤란한 상황을 찾아다니고 있다.

⑨ 신과 함께 일체가 되어 새로운 생각과 상상을 통하여 그 전능한 힘이 작

용하도록 하라. 그러면 하느님의 빛에 의해 모든 번민과 절망이 사라져 버린다. 신의 사랑과 함께 빛나는 태양을 향해 두 팔을 벌려라.

05

사랑과 용서만이
악을 추방한다

These truths can change your life

얼마 전, 나는 뉴욕의 P. G. 병원에서 암으로 고생하고 있는 한 부인을 방문한 적이 있다.

그녀는 지금까지 30여 년 동안 결혼 생활을 한 것이 마치 뱀처럼 싫었다고 나에게 고백했다.

그래서 나는 그녀에게 이렇게 말했다.

"암 따위는 염두에 둘 필요도 없을뿐더러, 절대 무서워할 것도 없어요."

그녀는 확실히 자신이 암에 걸렸다는 사실에 대해 두려움을 품고 있었던 것 같다. 결혼에 대한 그녀의 이러한 부정적인 감정은 잠재의식 속에 심어져 암이라는 무서운 병을 유발했다.

내 충고를 받고 그녀는 자신의 결혼 생활을 관대하게 생각해 보려고 노력했다. 진실한 마음으로 결혼을 사랑으로 받아들이고 이렇게 기도했다.

'하느님의 평화가 새색시의 마음을 충만케 해 줍니다. 나는 언제나 하느님의 격려와 축복을 받고 있습니다. 하느님은 나의 결혼을 행복한 것으로 인도해 주십니다. 하느님의 섭리가 나를 비롯한 주위의 사람들에게 작용합니다. 이미 내 마음속에는 결혼에 대한 증오감이 사라졌습니다. 나는 행복해지기를 바라며, 또한 행복감을 느낍니다. 건강과 행복이 함께 하기를……. 나는 이미 부정적인 생각 같은 것은 떨쳐 버렸습니다.'

이러한 기분은 그녀가 받는 치료와 일치되어 놀랄 만한 회복력을 가져왔고, 그녀의 인격마저 변화시켜 놓았다.

그녀의 이러한 기도는 마음 한구석에 자리 잡고 있었던 부정적인 생각을 제거해 버림으로써 잠재의식까지 바꾸어 놓았다.

마음가짐을 바꾸면 암도 고칠 수 있다

2~3개월 전, 나는 대단히 친절한 어떤 사람의 집에 투숙한 적이 있었는데, 그는 성품이 매우 좋을 뿐만 아니라 도량이 아주 넓어서 우러러볼 만했다.

그런 그가 암에 걸렸다. 그의 부친과 형제도 이미 모두 암에 걸려 죽었다. 따라서 그는 20년 동안, 자신도 암에 걸리지 않을까 하고 걱정을 해 왔었는데, 그 걱정이 현실로 닥치게 되었다.

"걱정했던 것이 드디어 찾아왔군!"

그가 내뱉은 탄식이었다.

그는 하느님에게 이렇게 기도했다.

'하느님, 만일 저를 생각하신다면 이 암을 고쳐 주시옵소서!'

그러나 이것은 잘못된 기도이다.

그는 하느님에 대해 어떤 기성旣成 개념으로 생각했다. 하느님은 전능하시므로 그 아들인간에게 벌을 줄 때만 병을 준다고 생각했던 것이다.

이 경우, 만일 하느님이 자신에게 벌을 주기 위해 암에 걸리게 했다면 암은 절대로 치유될 수 없다는 생각을 마음속 깊이 간직한 채 요구하는 기도이다.

이것이야말로 낡은 사고방식이다.

우리의 마음속에 존재하는 하느님은 모든 것을 조정하는 힘을 갖고 있음을 알아야 한다.

따라서 나는 그에게, 우리의 마음가짐에 따라 하느님의 능력을 얼마든지 활용할 수 있다고 말해 주었다.

그는 곧바로 환한 표정을 지었다.

그 뒤, 그는 미래에 대한 광명을 발견하고, 인생을 즐거운 마음으로 볼 수 있게 되었을 뿐만 아니라, 의사의 치료와 충고를 고분고분 받아들이게 되었다.

이렇게 그가 자신의 의식 속에 있는 신념을 근본적으로 바꿀 수 있게 되었을 때, 그것은 자연히 그의 잠재의식에 전해지고, 따라서 암은 점차로 치유되어 갔다.

교통사고도 자신의 정신과 관계가 있다

많은 사람은 신문을 통해 열차 사고나 자동차 사고에 관한 기사를 접하게 되면, 어디선가 부당한 폭력이 날아와서 아무 죄도 없는 사람을 공연히 죽이고 상처를 입히는 정도로 생각한다.

그러나 정신적인 상태와 이런 재난들은 무관하지 않다. 유유상종의 관계에 놓여 있는 것이다.

신념이 굳건한 사람은 화를 당하지 않는다

항상 하느님의 보호를 받고 있다는 굳건한 신념이 있는 사람은 교통사고처럼 상처가 나거나 화를 당하는 등 좋지 못한 체험을 하지 않고 살아갈 수 있다.

그것은 기름에 물을 떨어뜨려도 서로 섞이지 않는 것과 같다. 하느님과 하느님의 사랑을 확신하는 사람에게는 신념의 법칙에 따라 좋지 못한 체험이 다가올 수 없는 것이다.

이성으로부터 호감을 살 수 있는 비결

와이오밍으로부터 로스앤젤레스에 있는 사무실에 출퇴근하는 한 젊은 여성이 나를 찾아와서 호소했다.

"저는 아주 부끄러움을 많이 타고 내성적입니다. 그래서 그런지 저는 남자 친구가 한 명도 없어요."

그녀는 결혼을 원했다.

한 남자를 사랑하고, 남자한테 사랑을 받으면서 "○○부인"이라는 소리를 듣고 싶었다.

그래서 나는 그녀에게 그 소망을 실현할 방법에 대해 자세히 설명해 주었다.

사실상 그녀의 마음가짐 때문에 좋은 점들이 달아나고 있는 형편이었다.

나의 충고를 받아들인 그녀는, 스스로 자기가 다른 사람의 호감을 사서 존경받고 있는 것처럼 느끼려고 노력했다.

그녀는 문구점에서 수첩을 사서 빈칸에 많은 이름을 채워 넣었다.

그 명단은 자기와 교제를 원하는 남자들의 이름이었지만, 아직은 그녀의 상상 속의 인물에 지나지 않았다.

그런 다음 그녀는 누구에겐가 만나자는 제의를 받으면 이 수첩을 보면서 이렇게 말하는 자신의 모습을 상상해 보곤 했다.

'오늘은 선약이 있어서 안 돼요.'

밤에는 물론이고 근무 중에도 그녀는 이러한 말을 반복했다.

드디어 그녀는 남자들로부터 호감을 사게 되었고, 인기 있는 여자가 되었다.

또 댄스파티에 참석해서도 벽에 걸린 꽃처럼 우두커니 서 있지 않게 되었다.

그녀는 결혼하기로 했다. 이때, 하느님의 지혜가 작용해 훌륭한 결혼 상대자가 자기의 매력에 끌려 자신을 행복하게 해주리라고 생각했다. 그녀는 잠들기 전에 이미 결혼반지가 끼워져 있는 자기의 손가락을 머릿속으로 그렸다.

그녀는 정신적으로, 자기 손가락에 끼워져 있는 상상의 반지에 대해 감촉을 느꼈다.

그 상태를 현실적으로 받아들이고, 결혼반지가 끼워진 것은 자연스러운 일이며, 손가락에서 전해지는 딱딱한 느낌까지도 사실로서 잠재의식 속에 불어넣었다.

그러고 나서 얼마 후, 그녀는 멋진 남성과 결혼하게 되었고, 현재 그 부부는 행복한 가정생활을 누리고 있다.

저능아에서 우등생으로 바뀌게 하는 비결

어느 날 한 학부모가 나를 찾아와서 아들의 장래에 대해 큰 걱정을 하며 상담을 요청하였다.

학교 선생이 아버지에게, 아들의 두뇌가 다른 학생들에 비해 많이 떨어지고, 거기다 조금도 향상될 기미가 보이지 않으니 저능아들이 다니는 특수학교에 보내는 것이 좋을 듯싶다고 말했다.

그는 나의 의견을 듣고 나서 지금 자기 아들 처지와 전혀 상반되는 것을 상상했다.

그는 밤마다, 자기 아들이 성적표를 내놓으면서, "아빠 이것 좀 보세요! 모두 100점이에요." 하고 말하는 모습을 머릿속으로 상상했다.

매일 밤 그는 이런 자기 암시를, 그것이 잠재의식 속에 스며들어 하나의 확신으로 바뀔 때까지 반복했다.

아버지의 간절한 자기 암시는 뜻대로 아들의 마음속으로 옮겨지고, 아들의 성적은 차츰 더 좋아지게 되었다. 또 학급의 가장 우수한 학생으로 바뀌었다.

그 아버지는 자기가 심사숙고한 아이디어가 확실한 결과로 나타나게 되었음을 체험한 것이다.

그 아버지의 기도는 잠재의식 속에 든 이성과 예지를 작용시켜 아들의 마음속으로 깊이 전해지고, 이번에는 그 아들이 자기 아버지의 신념을 훌륭히 실행에 옮겼다.

총살형에서 살아난 일본 군인

몇 해 전, 나는 일본에서 강연하던 중 한 청년과 이야기를 할 기회가 있었다.

그는 전쟁 중에 총살형 선고를 받았다.

실제로 그는 문제의 사건과는 아무런 관련도 없었지만, 당국에서는 관련성이 있는 것으로 보고 총살형을 선고했다.

그 당시에는 이처럼 어처구니없는 일들이 빈번히 일어났다.

육군 형무소에 갇혀 있을 때, 그는 성경의 〈시편〉 제91편에 있는 말들을 자신에게 들려주듯이 조용히 입속으로 몇 번이고 되풀이하며 읽었다.

그는 매일 밤 잠들기 전에 마음속 깊이 다음과 같이 말했다.

'나는 총살되지 않는다. 나는 하느님의 아들이다. 하느님의 분신과 같은 나를 죽일 수 없다.'

그는 이 세상에 존재하는 힘은 하나이며, 오로지 하나의 삶밖에 없음을 알고 있었다.

그의 삶은 곧 하느님의 삶이었다.

그러던 중 그는 아무런 이유도 모른 채 육군 형무소에서 석방되었으며, 전과 같이 군무에 종사하게 되었다.

그는 〈시편〉에 있는 진리를 여러 번 반복하여 읽고 자기 자신의 자유를 마음속에 상상함으로써 자기의 잠재의식 속에 자유가 스며들도록 필사적으로 새겨 두었다.

이처럼 어떤 것이든지 잠재의식 속에 심어 놓으면 꼭 그것이 실현되고야 마는 것이다.

그 어떤 재난도 하느님과 무관하다

내가 어릴 적에 삼촌과 숙모가 나누는 다음과 같은 이야기를 여러 차례 들은 일이 있다.

"존또는 메리이 이렇게 사고를 일으킨 것은 그 아이가 교회에 다니다 말았기 때문이에요."

어떠한 재난이 닥칠 때마다 그 이유는 반드시 그 사람이 죄를 지었기 때문에 하느님의 노여움을 사게 된 것으로 간주하였다.

나는 언제나 삼촌이나 숙모가 하느님에 대해서 어떤 생각을 하고 있는지 궁금해했다.

지금 이 책을 읽고 있는 당신은 하느님에 대해 어떤 생각을 하고 있는가?

당신의 장래를 좌우하는 건 이 질문에 대한 당신의 답변임을 당신은 알고 있는가?

하느님은 당신이 생각한 대로 나타난다

만약에 당신이 하느님을 하늘에 있는 대단한 집념을 가진 폭군이나 식인종과 같은 셈족의 신神 모로크셈족은 그들의 신인 모로크에게 자기의 아들을 산 채로 삶아서 제물로 바친다와 같은 존재로 생각한다면 어떠할까.

하느님을 동양의 사탄이나 절대적인 권력을 지닌 영주처럼 당신에게 가혹한 벌이나 내리는 존재로 안다면, 당신은 필시 그런 일들을 당하게 된다.

또한 당신의 인생은 암흑 속에 들게 되고 공포와 불안의 나날을 보내게 될 것이다.

이를테면, 하느님에 대해 믿고 있는 그대로 당신에게 들이닥칠 것이다.

하느님에 대한 당신의 사고는 고스란히 당신의 생활 속으로 흘러들어가 항상 부정적이며 어두운 생활로 만들어 놓는다.

하느님은 늘 당신이 생각한 대로 나타난다.

그러므로 먼저 하느님에 관한 개념부터 올바르게 알고 있지 않으면 안 된다.

하느님에 대해서 무엇이라고 이름 지어도 좋다.

알라신·천제天帝·부처·관음보살·진실, 무한한 예지, 만물을 조정하는 힘, 하늘의 소리, 우주의 창조자, 모든 것을 초월한 존재, 정령精靈, 창조령 등 당신이 부르고 싶은 대로 어떻게든지 부를 수 있다.

문제는 바로 당신이 어떤 존재로 믿고 있느냐에 달려 있다. 그것이 전적으로 당신의 인생이 나아갈 바를 결정해 준다.

하느님은 사랑 그 자체이다

대다수의 사람들은 하느님을 질병이나 고통·번민 같은 것도 인간에게 가져다 주는 아주 잔인하고 광포하고 복수심이 강한 천제天帝로 믿고 있다.

그들은 하느님을 무서운 존재로 인식하여 사랑의 대상물이 되지 않는다.

이렇게 생각하는 사람들은 번민이 일거나 고통에 부딪칠 때마다 그것을 하느님이 부여했다고 믿곤 한다.

그러나 그것은 자신이 마음대로 만들어 낸 신념의 결과이다.

당신의 신념을 부풀린 잠재의식은 그 동안의 여러 가지 체험과 상황. 사건의 형태에 그것을 고스란히 투영한 것이다.

입 밖으로 외쳐 대는 신념만으로는 아무것도 이룰 수 없다.

중요한 것은 당신의 잠재의식이 믿는 게 무엇이냐에 있다.

당신은 항상 자기의 신념을 몸소 체험하고 있다.

백 년 전의 심리학자 퀸비 박사의 말대로, 인간의 믿음은 그 사람을 통해서 표현되는 것이다.

대다수의 사람들은 이렇게 생각한다.

'하느님은 하늘 저편의 높은 곳에 있으며, 인간이 가까이하지 못할 다른 존재이다.'

그런 사람들의 마음속에는 이런 생각이 자리 잡고 있다.

'하느님에게 가까이 가고 싶지 않다. 나는 홀로 있기만 하면 된다!'

하지만 이런 생각은 아주 잘못된 것이다.

하느님은 곧 사랑 그 자체이다.

하느님은 늘 당신을 보살펴 주고, 당신을 주의 깊게 관찰하며, 장밋빛으로 당신의 인생을 바꾸는 기적을 일으키게 하는 존재인 것이다.

내 안에 존재하는 하느님을 믿어라

자, 이제 당신에게는 참된 의미에서 하느님에 대한 실체가 드러나고 그 개념이 올바르게 당신의 머릿속에 자리 잡았을 것이다.

마침내 기적이 당신의 인생에 나타나게 되었다.

하느님은 축복이자 기쁨, 그림으로 표현할 수 없는 아름다움, 절대적인 조화, 무한한 예지, 끝없는 사랑으로 모든 것을 초월하고, 때와 장소에 구애되지 않고 존재할 수 있음을 실감할 수 있다고 생각하는 것이다.

당신이 지금 이곳에 살고 있다는 것은 사실이다.

자기 자신 속에 하느님이 존재한다는 강한 믿음은 장차 당신의 인생에 기적과도 같은 일이 생긴다는 약속을 해 준다.

당신은 정신적·육체적으로, 또 물질적인 면에서도 안정되고 번영되어 갈 것이다.

당신은 자기 자신을 고쳐 보고, 무한한 능력을 자기 자신 속에서 발견함으로써 새롭게 태어난 인간으로서 새 삶을 시작하게 될 것이다.

목표의 세 배가 되는 수익을 올리다

런던에 거주하는 어떤 실업가가 내 강연을 듣고 나서 질문을 했다.

"가난은 생각하기도 싫은데, 어떤 좋은 방법이 없을까요?"

그래서 나는 이렇게 대답했다

"하느님은 보이지는 않지만, 공동 경영자·지도자·상담사라고 생각해보시오. 하느님은 항상 당신을 귀여운 자식으로 여기고 보살필 것입니다. 하느님은 당신이 필요로 하는 건 모두 가져다주시고, 어려울 때마다 격려를 보낼 겁니다."

그로부터 3~4개월 후, 나는 그에게서 다음과 같은 내용의 편지를 받았다.

'저 역시 하느님을 살아 있는 존재라고 실감하고 있습니다. 하느님은 참으로 훌륭한 나의 친구이며 상담자이고, 안내자입니다. 현재 내 사업은 원래 목표보다 세 배나 많은 수익을 올리고 있습니다. 나는 아주 건강한 상태를 유지하고 있습니다. 이젠 내가 20여 년 동안이나 써 왔던 안경마저 필요 없게 되었습니다.'

하느님을 자기의 아버지로 확신한 것이 이 실업가에게 어떤 결과를 가져다주었는지 당신은 깨달았을 것이다.

여기서 아버지라는 말은 사랑·보호·안내자·공급 등을 일컫는다.

조금도 망설일 필요가 없다. 지금 이 책을 읽고 있는 당신의 인생 속에도 이 사업가에게서 일어난 엄청난 기적을 불러일으킬 수 있다.

사랑의 기적을 구하는 3단계 기도

목사인 나는 직무상 중서부에서 올리는 성대한 결혼식의 주례를 맡은 적이 있다.

그런데 그 신랑·신부는 결혼한 지 불과 한 달도 채 안 되어 이혼하여 신부는 친정으로 돌아가 버렸다.

꿈처럼 달콤한 생활을 해야 할 신혼의 그들에게 도대체 무슨 일이 생긴 것일까?

그 후 나는 신랑을 만나게 되었는데, 그는 나에게 이런 말을 했다.

"날마다 나는 아내가 다른 남자에게로 도망가지나 않을까 걱정해 왔습니다. 나는 좀처럼 그녀를 믿을 수가 없었어요. 그녀는 남자 친구가 많았으므로 그 가운데 꼭 누군가를 좋아하는 것만 같았지요. 그녀가 언제 내게서 도망칠지 모른다고 생각하며 겁을 내고 있었습니다."

이 젊은이는 자기 아내에 대해 부정적으로만 생각했다. 그 결과, 신경과민 상태에서 아내가 자신에게 도망칠 것 같은 두려움, 그녀가 떠나간 뒤의 적막한 생활만을 마음속에 상상하고 있었다.

그는 평생 서로 사랑하고 믿고 존경하고 정성을 다해야 한다는 결혼식장에서의 서약을 깨뜨리고 말았다.

그의 공포와 신경과민은 신부의 잠재의식에까지 옮아가고, 그가 항상 생각한 대로 이혼의 결과를 불러들이게 된 것이다.

그는 자기의 확신이 실현되는 것을 보게 되었다. 그리고 아내를 저주하기에 이르렀다.

그러나 그 아내에게 원인이 있는 게 아니라 스스로 믿고 있던 잠재의식이 고스란히 현실로 나타난 것에 지나지 않았다.

그러던 중, 그들은 나의 저서 《잠자면서 성공한다》를 읽고, 자기들의 불행은 의식과 잠재의식과의 문제임을 인식하였다.

그들은 매일 아침과 밤에 기도를 하였다.

그 기도는 기적을 구하는 3단계로서 아래와 같다.

제1단계—첫 번째로 하느님에 대하여 그들은 아침에 눈을 뜨면 하느님에게 두 사람을 인도해 달라고 기도했다. 평화와 조화와 환희가 찾아오게 해 달라고 기도했다.

제2단계—아침 식사 시간에는 항상 감사의 기도를 잊지 않았다. 맛있는 음식과 그들이 가진 풍요로움, 그리고 축복에 대해 감사의 기도를 드렸다. 그들은 일부러 식탁에서는 곤란한 문제나 골칫거리, 언쟁이 될 만한 일들은 피했다. 그날 저녁 식사 시간에도 아침 식사 때와 마찬가지로 기도를 드렸다.

제3단계—밤이 되면 그들은 서로 바꿔 가면서 큰 소리고 기도했다. 항상 가까이에 성경을 놓고, 잠들기 전에 〈시편〉 제23편, 제91편, 제27편, 또 〈히브리서〉 제11장, 〈고린도전서〉 제13장 등에서 발췌한 문구를 읽었다.

두 사람은 나지막하게 말했다.

"하느님, 오늘 내려 주신 축복에 대해 감사를 드립니다. 이 밤도 단잠을 이루게 하옵소서!"

그들은 어느 한쪽이 상대방을 번민케 한다거나 당황하게 하지 않도록 서로 주의했다.

그 사이, 그들은 다시 한번 결혼하고 싶은 마음이 생겼다.

그 후 그들은 평화롭고 행복한 가정을 꾸미게 되었다.

인간 스스로 풀 수 없는 사랑의 쇠사슬

텍사스 주州의 댈러스 호텔에 투숙해 있었을 때, 나는 기이한 두 방문객을 맞이하였다.

그들 두 남녀는 이전에 부부 관계였다고 한다. 그들이 2~3년 전에 결혼하여 부부가 되었는데, 고집이 세고, 하는 일마다 서로의 마음에 들지 않고 괘씸한 생각만 들게 되었다.

그들은 서로 헤어지기로 합의한 후에도 재산 분배 문제로 또 싸움하게 되어 더욱더 서로에 대한 미움이 커졌다.

마침내 그들은 정식으로 이혼을 하기에 이르렀다.

그로부터 1년 후, 그들은 제각기 다른 상대와 결혼을 하게 되었다.

그런데 그것이 더 큰 실패가 되었다.

두 사람 모두 상대방에 대한 허영심에서 다른 사람과의 결혼을 감행했기 때문에 실패할 수밖에 없었다.

그래도 처음에 한 결혼이 옳았음을 깨닫게 되었다.

"역시 우리는 서로 사랑하고 있어요. 그리고 지금 이 순간까지도 사랑하고 있지요. 도대체 우리는 어떻게 해야만 좋을까요?"

나는 겉모양은 그럴듯해도 실속이 없는 결혼 생활을 깨끗이 정리하고 두 사람의 재결합을 권유했다.

현재 두 사람 각자의 결혼 생활은 사랑으로 맺어진 것이 아니다. 어리석은 일을 저지르고 만 그들은 나의 조언을 듣고 쓸데없는 자존심과 허영심으로 마음에도 없는 사람과 재혼까지 한 자신들의 잘못을 솔직히 인정했다.

자기 자신의 속마음을 솔직하게 들여다볼 수 있었을 때, 두 사람은 서로의 애정을 확인할 수 있게 되었다.

어쨌든 그들은 허영뿐인 현재의 결혼 생활을 정리한 후 재결합을 하게 되었다.

두 사람의 마음을 다시 이어 주고 풀리지 않는 쇠사슬로 굳게 붙들어 맨 것은 바로 사랑이었다.

하느님에 의해 결합한 두 사람의 쇠사슬을 인간 스스로가 풀 수는 없다.

친정아버지의 마음을 돌린 기도의 힘

최근 가톨릭 신자와 결혼한 한 젊은 부인이 나를 방문했다.

그 부인은 남편과의 애정이 매우 깊었지만, 자신의 아버지가 주는 심한 정신적 압박으로 인해 결혼 생활이 파괴되지나 않을까 두려워하고 있었다.

"다른 교파에 속한 저의 친정 아버지는 극단적인 가톨릭을 싫어합니다."

그녀가 나에게 털어놓은 말이었다.

그녀의 아버지는 딸의 기분을 완전히 공포의 한가운데로 몰아갔다. 그래서 그녀 아버지가 자신을 친정으로 데려가지나 않을까 항상 두려움 속에 있었다.

나는 그녀의 두려움에 관하여 친정아버지는 들판에 굴러다니는 돌멩이나 나무 조각 정도의 힘도 없는 나약한 존재이므로 안심을 해도 괜찮다고 일러 주었다.

그녀는 진실로 자기를 움직일 수 있는 것은 자기 자신의 마음가짐과 사고방식뿐임을 깨닫게 되었다.

그녀는, 자기 자신과 남편은 하느님의 사랑으로 결합하였으며, 그 사랑으로 휘감기고 둘러싼 모든 것을 포용하고 있다고 이따금 기도를 올렸다.

그녀는 하느님의 아름다움과 사랑, 그리고 평화가 두 사람의 마음속에 흘러들어 결혼 생활이 하느님의 사랑을 바탕으로 이루어진다고 확신하곤 했다.

그녀는 그 무엇도 자신과 남편을 떼어놓을 수 없다는 신념을 가졌다.

이를테면, 외부에서 두 사람의 결혼 생활을 귀찮을 정도로 간섭한다든지, 그 사이를 갈라놓으려는 시도가 있어도 그것은 마치 철로 만들어진 군마를 향해 종이로 된 화살을 쏘는 것처럼 무기력하다는 크나큰 진리를 받아들인 것이다.

사랑은 당사자들의 생각과 마음의 문제인 것이다.

두 사람이 서로 사랑하고, 성실하고, 존경한다면, 그들의 결혼 생활은 한층 더 단단하게 이어질 수밖에 없다.

그녀는 아버지의 마음이 부드럽게 풀리도록 해 달라고 기도했는데, 그 결과 아버지의 태도가 예전과는 달리 매우 부드러워졌으며, 요즘에는 남편을 좋아하게 되었다고 한다.

하느님은 범죄자에게도 벌하지 않는다

언젠가 나는 죽음에 직면한 어떤 남자를 방문한 적이 있다.

그는 만성 알코올 중독자로서 많은 범죄를 저지르고 있는 사람이었다.

그는 멀지 않아 자기가 죽게 되리라는 것을 알고 있었다.

그는 나에게 자신의 모든 죄악을 고백했고, 하느님은 나 같은 악인에게 벌을 내려 지옥으로 떨어뜨릴 게 아니냐고 물었다.

절망에 빠진 이 범죄인에게 나는 이렇게 설명했다.

"하느님은 아무에게도 벌을 내리지 않습니다. 오히려 우리가 삶에 대한 법칙을 잘못 사용해서 자신이 자기를 벌하고, 조화와 사랑, 그리고 올바른 행위를 그릇되게 취급하여 자신의 생활을 그릇된 방향으로 이끌어 가고 있는 것입니다."

또한, 그러한 마음가짐은 자기 스스로 용납해야 하며, 그렇게 되면 하느님의 사랑이 그의 마음속까지 흘러들어 죄로 물든 과거는 말끔히 씻겨지게 되고, 그는 하느님의 축복 속에서 새롭게 태어날 것이라는 말을 전했다.

나는 그와 함께 기구했다.

기구가 끝났을 때 그는 아주 밝고 행복한 모습을 하고 있었다.

그 이유는 그제야 하느님의 사랑으로 모든 과거가 용납될 수 있음을 마음속 깊이 믿게 되었기 때문이다.

그는 아주 평안한 상태에서 언제든지 천국으로 갈 준비가 되어 있다고 말했다.

그러나 의사는 그의 몸이 대단히 좋아졌다는 진단을 내렸다.

그로부터 10일 후, 그는 완전히 건강을 되찾아 퇴원하였다.

그는 지금 85세가 되었지만, 아직도 의욕적으로 일하고 있다. 그는 새사람이 되어 활기에 넘치며 올바르게 살아가고 있다.

도대체 그는 어떻게 그리 변할 수가 있었을까?

그것은 그가 하느님에 관한 진리를 인식한 다음 그것을 받아들임으로써 가능케 된 것이다. 그리고 범죄·혐오·악 같은 그의 어두운 과거를 남김없이 흘려 버림으로써 그의 정신과 육체가 새롭게 태어났기 때문이다.

그의 육체도 사고방식이 놀랄 정도로 달라진 정신에 걸맞게 새로 형성되었다. 그의 마음에 내재한 자유과 평화를 기도하는 굳센 희망, 오직 그것만이 의사가 되어 그를 치유했다.

하느님의 진리를 깨닫는 순간 기적은 일어난다

한 병원에서 어떤 남자가 중병에 시달리고 있었다.

페니실린 주사를 맞고 수혈도 받아 보았지만 아무런 효과가 없었다.

그는 병원에서 중환자로 분류되어 살아갈 가망이 조금도 없는 것으로 취급되고 있었다.

나와 이야기를 나누던 중 그와 동업하는 사람에 관해서도 얘기를 하게 되었다.

"정말이지 그렇게 꼴 보기 싫은 녀석도 없어요. 그 녀석이 나를 이 지경으로 만들어 놓은 거예요. 만일 지금 당장이라도 이 병원에서 뛰쳐나갈 수만 있다면 그 녀석을 찾아가서 죽여 버리고 말 텐데……."

그 증오심은 신체에 있는 상처를 더욱더 심하게 할 뿐이었다.

나는 그에게 말했다.

"현재 당신은 자기 자신을 죽음으로 몰아가고 있습니다. 당신이 그 동업자를 죽이기 전에 먼저 당신 자신이 죽음을 맞이하고 말 겁니다."

그의 동업자는 그를 속이고 사업을 망하게 했으며, 그가 병에 걸리자 돈을 전부 챙겨서 멀리 도망쳤다.

지금으로선 그와 연락을 취할 수 있는 방편이 전혀 없었다.

하지만 그 동업자에 대한 그의 증오심은 지금까지도 맹렬하게 불타고 있었으며, 혈액 속까지 흘러들어 두뇌를 점유해 골수로 스미게 되었다.

나는 그의 원한이, 사람의 힘으로는 어찌할 수가 없을 정도로 그의 몸속에까지 미치고 있음을 설명했다.

그 역시 동업자 때문에 자기가 병에 걸렸다는 생각은 하지 않았다.

그는 자기가 오로지 홀로 사고하는 존재이며 자기만이 자신의 생각·상상·감정 등에 책임을 질 수 있음을 깨닫게 되었다.

나는 이 장章의 마지막에 나오는 기도의 문구를 그에게 가르쳐 주었다. 그리고 그 기도를 음미하며 조용히 생각해 보라고 권유했다.

그 후 그는 아주 빠른 차도를 보인다는 것을 깨달았다.

그의 육체 속에서 혈액이 순조로이 움직이고 있었다.

기적은 그가 하느님의 진리를 깨닫는 순간 일어난 것이다.

꿈을 간직했던 소년의 상상력

어느 영화배우가 나에게 자신은 교육을 거의 받지 못했지만, 소년 시절 영화배우로 성공할 것을 꿈꾸었다는 이야기를 해주었다. 그의 이야기는 다음과 같다.

들판에서 마른 풀을 베고 있을 때도, 또 우유를 짤 때도 나는 내 이름이 큰 극장에 걸려 있는 것을 상상했습니다. 나는 수년간을 이렇게 지내다가 마침내 집을 도망쳐 나왔습니다. 나는 영화의 엑스트라를 일자리로 구했습니다. 그러던 어느 날 마침내 어린 시절 꿈꾸었던 것처럼 내 이름이 극장에 크게 걸려 있는 날이 찾아왔습니다.

그리고 그는 이런 말을 덧붙였다.

나는 꿈을 계속 간직하면, 그것은 반드시 성공을 가져오는 힘을 발휘한다고 확신합니다.

인생에 기적을 일으키는 기도문

다음은 수많은 사람의 인생을 바꾸게 하는 데 일조를 한 기도이다. 당신도 이 기도 문구를 읽고 음미함으로써 놀라운 기적을 자기 자신의 인생에 일으킬 수 있다.

"하느님은 이 세상에서 유일한 존재이며 힘이십니다. 또 나는 그 하느님과 동일체입니다. 하느님의 힘은 곧 나의 힘입니다. 하느님의 지혜가 내 마음을 움직여 줍니다. 하느님과 함께 내 인생의 모든 것이 존재합니다.

나는 하느님이라고 불리는 단 하나의 우주적인 마음에 따르고 있습니다.

나를 통해 하느님의 예지·힘·광휘光輝가 흘러 나옵니다. 나를 이루고 있는 살·뼈·골수·세포·원자原子라고 하는 것에 하느님의 힘이 충만하여 있고, 나를 완성해 줍니다.

하느님은 생명이며, 하느님의 생명은 곧 나의 생명 그 자체이십니다. 나의 신념과 생명력은 다시 태어났습니다. 하느님은 나와 더불어 이야기를 나누며 앞으로 나아갑니다. 나의 하느님은 위대한 존재로서, 나는 그 하느님과 동일체입니다. 나의 굳은 믿음은 바로 하느님의 진리입니다. 나는 이러한 신조가 생기게 된 것을 자랑으로 여깁니다.

나는 하느님의 날개 밑에서 휴식을 취합니다. 나는 전지전능하신 힘의 아래에 항상 있으며, 아주 귀하고 멋진 존재 속에서 살아가고 있습니다."

기억해 두어야 할 사항

① 증오는 마음속의 독소이다. 이러한 독소의 해독제는 사랑과 용서이다. 모든 악을 추방하기 위해서는 이 해독제를 잘 이용해야 한다.

② 당신의 마음속에 깊이 새겨 두어야 할 것은 '하느님은 곧 사랑이시다.'라는 새로운 개념이다. 또한, 하느님은 당신의 적이 아니며, 바로 당신을 위해 존재하고 있음을 분명히 알아야 한다.

③ 당신의 정신적인 태도가 원인으로 작용해서 당신의 실제 아이디어로 나타나는 것이다.

④ 하느님의 사랑이 당신을 감싸고 있음을 실감하게 되면 어떤 위험한 재해도 피할 수 있게 된다.

⑤ 성경의 〈시편〉 제91편에 있는 진실을 마음속에 새겨 두고 확신하도록 하

라. 그러면 그 어떠한 재해의 위협으로부터 안전할 수 있다.

⑥ 자기가 사랑과 올바른 평가를 받고 있으며, 누군가로부터 도움을 받고 있음을 상상하며 느낄 수 있도록 노력하라. 그러면 어느 때든지 진실한 친구를 얻을 수 있다.

⑦ 이른바 뒷걸음질 치는 아이의 전진을 위해 기도하라. 모든 어린이 속에 하느님의 예지가 내재하여 있다고 상상하라.

⑧ 당신은 어떤 것에도 구속되지 않는 자유가 있음을 잠재의식 속에 새겨 두라. 그러면 반드시 그대로 이루어진다.

⑨ 하느님에 대한 신념은 당신의 인생을 좌우한다.

⑩ 하느님을 믿는다는 것은 바로 자기 자신을 믿는 것이다.

'인생은 신념의 표현이다'

―퀸비 박사

⑪ 하느님에 대해 어떤 식으로 부르든지 그것은 문제가 되지 않는다. 마음속에서 진실로 믿는 게 무엇이냐가 가장 중요하다.

⑫ 하느님은 모든 것에 대한 축복·평화·미美·사랑이며, 하느님에게 진리인 것은 당신에게도 진리가 된다는 사실과 하느님은 모든 것에 축복·평화·아름다움·사랑임을 믿으라. 이것이 습관화되도록 하라. 그러면 당신의 인생 속에 놀랄 만한 기적을 일으킬 수 있다.

⑬ 당신이 필요로 하는 것은 무엇이든지 하느님이 가져다주며 순조롭게 진행된다고 큰소리로 말하라.

⑭ 당신의 잠재의식 속에는 증오·원한·질투 같은 감정도 즉시 기록된다. 사랑과 선의의 감정을 항상 잠재의식 속에 새겨 두는 습관을 들이도록 하라.

⑮ 남편과 아내가 하느님의 사랑으로 연결된다면 그 누구라도 어떠한 일도 그들을 떼어놓을 수 없다. 어떤 것에 의해서도 끊어지지 않는 쇠사슬로 굳게 매어 두는 게 사랑이다.

⑯ 하느님은 아무에게도 벌을 내리지 않는다. 오히려 조화와 사랑, 그리고 올

바른 행위에 관한 법칙을 무시하거나 파괴할 때 자신을 벌하는 것이다.

⑰ 증오는 죽음을 초래하는 치명적인 독소가 되어 신체의 모든 기관을 망가뜨린다.

06

진지한 기원은
강력한 힘을 갖고 있다
These truths can change your life

기도기원할 때 믿고 구하는 것은 모두 얻어지리라.

'기도'로 모든 문제가 해결된다.

왜냐하면, 당신이 번민에 빠져 있을 때 가장 가까운 곳에서 도움을 줄 수 있기 때문이다.

당신은 '기도'와 믿음에 의하여 구제받을 수 있다.

이것이 허무맹랑한 이야기처럼 들릴 수도 있지만, 우리 주위에는 이에 대한 실례實例가 매우 많다.

'기도'는 이 세상에서 가장 강력한 힘을 갖고 있다.

그 어떤 난관이나 결론이 나지 않는 논쟁도 이에 의해 모든 것이 풀리고 행복한 결말로 인도된다.

진지한 마음으로 기도를 하면 그 즉시 문제의 실마리가 풀리게 된다.

기도는 당신을 인도하여 당신을 올바른 방향으로 돌려놓는다.

기도는 신의 지혜와 당신의 생각을 이어주며 서로 주고받아 하나로 만든다.

또한, 신의 지혜는 당신의 사상이나 신념에 적합한 것이다.

만일, 당신이 진지하고 올바르게, 목적을 분명히 하여 마음의 법칙에 따르면, 당신이 소망하는 모든 것이 이루어진다.

기도에 의해 불가능한 일이 가능해지며, 이른바 불치의 병도 고칠 수 있다.

인류의 역사를 되돌아보더라도, 기도로 해결되지 않는 문제는 없다.

인간은 동서고금을 불문하고 종교를 초월하여 모두 기도의 기적적인 힘을 믿고 지금까지 지속해 왔다.

기도는 어떤 민족이든지, 어떤 교분이 있는 사람이든지, 어떤 피부 색깔이든지 간에 받아들여진다.

진지하게 기도한 후 올바른 해답을 의식적이나 무의식적으로 받은 경험이 있는 사람은 그 놀라운 신의 지혜를 인정하고 존경하며 전력을 다하게 된다.

그 신의 지혜는 사람의 마음속에 간직되어 있다.

신은 어디에나 살아 있으며 때와 장소, 사건이나 인종의 구별 없이 전지전능한 힘을 발휘한다.

그러므로 기도의 힘이나 효과에 대해 제한받는 것은 이 세상에 아무것도 없다.

기적을 부르는 〈시편〉 제91편

《인생을 어떻게 생각할 것인가》의 저자이며, 영국의 유명한 과학자인 F.

L. 로슨은 제2차 세계 대전 때, 영국의 한 연대가 5년간이나 싸우면서 단한 사람도 죽지 않은 이야기를 썼다.

그 연대에 소속된 모든 장교·부사관·병사들이 〈시편〉 제91편의 말씀을 규칙적이고 반복적으로 기도함으로써 깨뜨릴 수 없는 대기록이 세워졌다.

이 제91편은 '방어의 시편詩篇'으로 불린다.

오하이오 주州 구리브랜드의 라트스튼 출판사가 카드의 앞면에 이 사실을 써넣어 〈병사와 선원의 안전을 기도하면서〉라는 표제를 붙였다. 그리고 이면에는 〈시편〉 제91편의 전문全文을 인쇄하여 내놓았다.

언제든지 제91편을 되풀이함으로써 군인들은 항상 보이지 않는 신에 의해 보호를 받는다고 느끼게 되었다.

진지한 마음으로 기대를 버리지 않고 기도를 되풀이함으로써 그들의 의식 속에 방어의 진리가 새겨지고, 항상 신의 보호를 받는다고 확신하게 되었다.

이것은 기적적인 기도의 실례로 남게 되었다.

신의 은총으로 자유의 몸이 된 사형수

2~3년 전에 있었던 일이다.

나는 《레주메》라는 책을 저술한 고故 에머 카티스 홉킨스가 쓴 기사를 읽게 되었다.

미국 재판 기록 가운데서도 진귀하고 이상한 사건의 내용은 이런 것이다.

60여 년 전, 한 사나이가 교수형을 선고받았다. 그는 선고를 받은 후부터 사형 집행 날까지 진지하게 신의 사랑을 구했으며, 신의 용서와 자유의 몸을 간절히 원했다.

그는 마땅히 벌을 받아야 할 살인을 저질렀다.

그러나 그는 전부터 신이 악인惡人을 구제해 준다는 것을 알고 있었다.

드디어 사형 집행일이 되었다.

13계단을 올라간 그는 교수대에 섰다.

그런데 당연히 떨어져야 할 발판이 떨어지지를 않는 것이었다.

당황한 사형 집행인이 여기저기 손을 써 보았지만, 소용이 없었다. 결국, 사형수는 자유의 몸으로 석방되었다.

신의 사랑은 모든 이해를 초월해, 우리의 갈 길을 환하게 비춰준다.

신은 놀라운 은총을 끝도 없이 베푼다.

신은 아무도 죄인 취급을 하지 않으며, 처벌을 내리지도 않는다.

당신은 자신의 생각과 신념에 의해 자기 스스로 옳고 그름을 결정하는 것이다. 당신은 자기 자신을 판단하기 위하여 항상 생각을 선택하게 된다.

신에게 당신이 완전하게 보인다.

신의 완전한 눈에 불완전한 것은 보이지 않는다.

만일, 당신이 자기 자신을 용서하고자 한다면, 그 순간에 과거는 기억에서 아주 완벽히 사라져 버리고 만다.

당신의 행위는 신의 진리에 대해 기도하고 명상함으로써 열매를 맺고 풍요롭게 자라난다.

아무리 흉악한 범죄일지라도, 평소라면 당연히 받아야 할 처벌도 모두 마음속으로 사라질 수 있다.

그러나 성의가 없는 기도는 아무런 효과도 나타나지 않는다.

신의 사랑과 평화를 갈구하는 마음에 자기 자신을 바꾸려는 진지한 욕구가 더해져야만 죄를 씻을 수 있다.

그렇지 않다면 죄는 사람을 부정적이고 파괴적인 사고 속으로 밀어넣을 게 분명하다.

영국에서 몇 명의 살인범들이 마음속에 있는 신의 사랑을 깨달음으로써 자기 자신을 완전히 바꾸어 버린 사례가 있다.

그들은 완전히 다른 사람으로 태어났으므로, 과거의 실수를 되풀이하는 일 같은 것은 절대로 일어나지 않는다.

자신의 인생을 바꿔준 기도문

20여 년쯤 전에, 나는 영국에서 어떤 남자를 알게 되었다.

그는 나에게 살인을 저질렀음을 고백하고, 자기 자신을 개조해 정신적으로 다시 태어나고 싶은 열망을 보였다.

나는 그에게 특별한 기도의 문구를 적어 주고 하루에 세 번씩, 그가 마음이 내키면 몇 번이고 기도하도록 지시했다.

그가 날마다 반복해서 한 20분 동안, 이 기도를 마음에 새기고 갈망하자 마음속에서 신의 사랑·아름다움·평화·환희가 솟구치기 시작했다.

그는 마음을 순수하고 깨끗하게 간직하기 위해 최선을 다했다. 이처럼 규칙적으로 지속하는 동안 순수성·환희·평화·사랑 등 훌륭한 자질들이 그의 마음속에 굳건히 자리를 잡았다.

그의 진정한 기도는 놀라운 효과를 나타냈다.

2, 3개월쯤 지나자, 그는 나에게 이런 말을 했다.

"어느 날 밤에, 갑자기 나의 몸과 마음에 광명이 가득 차는 것이 느껴졌습니다. 나는 잠시 성 바울과 같이 그 빛 속에서 앞을 볼 수가 없었습니다. 그리고 나는 세계가 내 속에 있음을 느낄 수 있었으며, 신의 사랑을 얻게 된 것을 감지했습니다."

이것은 순간적인 체험이었지만, 그에게는 영원히 지속하는 일이었다.

실제로 그는 새롭게 태어난 것이다.

그는 마음속으로 신의 사랑을 실감할 수 있었다.

그 후, 그는 자기의 체험을 소개해 다른 사람들까지 인도하고 신의 사랑을 전하게 되었다.

아마 그는 지금도 다른 사람들을 올바른 길로 인도하고 있을 것이다.

당신도 천국에서 살 수 있다

얼마 전, 한 실업자가 나에게 상담을 요청했다.

그는 주정뱅이인 데다가 게을렀으며, 보잘것없는 사람이었다.

그는 인생의 목표도 없었고 활기라곤 조금도 찾아볼 수 없었다.

"나처럼 쓸모없는 인간은 살아 있어도 별수가 없지요. 그러나 소망이 있다면, 죽어서는 천국에 가고 싶군요."

그는 이렇게 말했다.

나는 그에게 조언해 주었다.

"평화를 간직하고 있는 마음속에는 바로 천국이 있는 겁니다. 물질적·육체적인 죽음이란 의미가 없습니다. 참된 죽음은 당신이 나태와 미신 속으로 떨어지는 과정이며, 발랄하고 희망에 찬 신앙생활과 인생의 보람을 구하지 않는 마음에 있습니다."

그는 나의 말을 듣고, 즉시 생활 태도를 바꾸게 되었다. 신의 지혜가 자기를 인도하여 다른 사람들처럼 정신적으로나 재정적으로 풍요롭고, 보람이 있는 인생을 살게 해 달라고 기도했다.

그러는 동안, 그는 차츰 하루하루의 생활에 새로운 흥미와 기쁨을 느낄 수 있게 되었다.

일에도 열과 성의를 다하게 되었다.

얼마 후, 그는 직장에 복직되었을 뿐만 아니라, 전보다 좋은 자리에 앉게 되었다.

그의 개조된 생활 태도가 그의 인생을 바꿔 놓았다.

"나는 정말 천국에 있는 듯한 생각이 듭니다."

그가 나에게 말했다.

이것은 그가 몸과 마음이 건재하다는 것을 자각하고, 조화 속에서, 보람을 느끼는 충실한 생활을 하고 있음을 뜻한다.

신의 지혜는 그 어떤 소원도 이루어준다

오래전에 있었던 일이다.

나는 뉴질랜드의 오클랜드에 있는 하야소트 사원寺院에서 강연을 하게 되었다.

한 남자가 휴식 시간을 이용해 나를 찾아왔다.

"나는 현재 뉴욕에 있는 딸을 만나고 싶지만, 방법이 없습니다. 미국까지 갈 여비를 마련할 수가 없습니다."

"당신은 내 강연을 듣지 않았습니까?"

내가 그에게 반문했다.

"네…… 분명히 듣긴 했지만…… 하지만."

나의 물음에 대한 그의 대답이었다.

"당신은 처음부터 안 되는 일로 여기고 있지만, 그런 나약한 마음을 버리고 더 적극적인 태도를 보여보세요. 그리고 신은 전능하신 힘으로 나에게 틀림없이 길을 열어 준다, 신은 반드시 나를 뉴욕으로 보내 딸을 볼 수 있게 해 줄 것이라고 기도하시오."

날마다 그는 이 같은 기도를 규칙적으로 되풀이했다.

그는 잠들기 전에, 뉴욕에 도착하여 딸이 "아빠, 너무 기뻐요."하며 그의 가슴에 매달리는 모습을 상상하곤 했다.

내가 오클랜드를 떠나려고 하는데, 그가 나에게 전화를 걸어왔다.

'기적이 일어났습니다. 전에 나를 속이고 몇천 파운드를 횡령해서 도망갔던 자가 죽기 전에 양심의 가책을 느낀 나머지, 유산 일부분을 내놓는다는 유언장을 남겼습니다. 곧 그 돈을 찾게 될 것 같습니다. 그러니 한 달 내로 미국에 갈 수 있습니다. 정말 감사합니다.'

전지전능한 신의 지혜는 당신이 바라는 것은 무엇이든지 들어 준다.

상상은 원하는 길을 열어 준다

군대에 있을 때, 내가 소속한 대대大隊의 한 청년이 나에게 호소를 했다.

"전쟁 전에 나는 의과 대학에 입학하기 위해 오랫동안 공부했습니다. 그런데 그 대학은 규제가 심해 나는 성적이 우수했지만 인종人種과 종교 문제로 입학이 허용되지 않았습니다."

그는 인종 차별로 인해 가망이 없다고 포기하고 있었다.

나는 그에게 신의 지혜는 인종을 초월하여 신을 믿는 사람들에게 보답해 준다고 설명했고, 의식과 잠재의식에 관해서도 설명하게 되었다.

그는 나의 설명을 듣고 모든 것을 이해하게 되었다. 자기의 잠재의식은 전능한 신의 해답을 알고 있으며, 소원을 이루는 방법을 갖고 있음을 깨닫기 시작했다.

그리하여 나는 결과적으로 다음과 같은 실험을 해 보자고 제의를 하게 되었다. 그는 날마다 잠들기 전에 자기의 의사 자격이 부여된 졸업 증명서를 들여다보는 모습을 그려보는 것이다.

그는 상상 속에서, 졸업장이 수여된 기쁨을 느낄 수 있었다.

그는 자기의 정신을 집중시켜 의사가 되었다고 실감할 수 있도록 몰두했다.

그러는 동안 정말로 그러한 느낌이 들기 시작했다.

그는 상상 속의 졸업장을 단단히 붙잡고 잠들었다.

그의 기도에 대한 성과도 아주 흥미로운 일이었다.

"왠지 좋은 예감이 듭니다. 아무래도 며칠 새로 이동이 이루어질 것 같은데요."

이것은 그의 잠재의식이 "모든 게 뜻대로……"라고 말했음을 의미한다.

어느 날, 상관이 그를 불러 의학 공부를 했으니까 시험에 응시해 보지 않겠느냐고 물었다.

만일 성적만 우수하다면 군軍 부담으로 약학 대학에 파견된다고 설명하였다.

그는 그 시험에 쉽게 합격할 수 있었다.

그는 군에서 학비를 지원받아 의학 공부에 전념할 수 있게 된 것이다.

그는 입학 조건이 까다로운 학교보다 더 좋은 대학에 유리한 조건으로 입학할 수 있었다.

신의 지혜로 그에게 닫혀있던 길이 열리고 자신이 원하던 분야에 진출하게 되었다.

감옥의 문을 열어 준 기도의 힘

몇 년 전, 나는 뉴욕의 교도소에 있는 한 죄수를 방문한 적이 있었다.

그 죄수의 가장 큰 소망은 자유의 몸으로 풀려나는 것이었다.

그는 사회에서 용납할 수 없는 일을 저질렀으므로 뉴욕의 교도소에 갇힌 것이다.

그는 증오나 혐오·질투라는 심리학적 감옥 속에서 자기 자신을 가둔 것이었다.

나는 그에게 현재 상태를 바꾸는 방법에 대해 상세하게 말해 주었다.

그는 지금까지 증오심을 품어 왔던 동료를 위해 기도해 주었다.

'그 사람들의 마음속에 신의 사랑이 솟아나게—그에게 행복과 성공·평

화가 가득하기를—.'

그는 이런 기도를 하루에 몇 번씩이나 반복했다.

잠들기 전에 그는 자기가 집에서 가족들에게 둘러싸여 있는 모습을 그려 보았다.

그는 어린 딸이 자기의 팔을 잡아끌며,

"아빠 돌아오세요!"

하고 속삭이는 소리가 들리는 것만 같았다.

그는 이처럼 모든 상상을 동원했다. 그러는 동안 이 상상이 너무나 현실적으로 자연스럽게 떠올랐기 때문에 그것은 그의 일과가 되고 말았다.

그는 자유에 대해서는 기도하고 싶은 생각조차 들지 않았다.

이것은 분명히 자유로운 몸이 되고 싶은 그의 욕구가 마음속 깊이 가라앉은 증거이다.

그는 지극히 평화로웠다.

그는 감옥 속에 갇혀 있었지만, 그 속에서 자유를 느낄 수 있었다.

그는 처음에 감옥이라는 제한된 환경부터가 마음에 들지 않았었다.

그러나 이제 그에게는 석방을 향한 기원 같은 것은 중요하지 않게 되었다.

몇 주일 후, 드디어 그는 자유의 몸으로 석방되었다.

그의 동료들이 완전히 달라진 그를 위해 유리한 증언을 해 주었기 때문에 가능한 일이었다.

그는 법적인 절차를 거쳐 석방되었고, 새롭게 태어난 한 인간으로서 새 출발을 하게 되었다.

연인을 구제한 여인의 기도

내가 잠재의식의 힘에 관한 강연을 할 때, 처음부터 듣고 있던 한 여인이 나를 찾아왔다.

그녀의 연인이 파산 직전에 놓여 있을 뿐만 아니라, 가게도 내놓아야만 할 곤경에 처해 있다는 것이었다.

"이젠 모두 소용없습니다. 그저 절망뿐입니다."

나는 그녀에게 조언해 주었다.

그녀는 나의 가르침대로 날마다 서너 차례씩 조용히 앉아 평정한 마음의 상태를 유지했다.

그녀는 연인이 반드시 곤경에서 벗어나게 된다는 기분을 느끼게 되었다.

그녀는 잠들기 전에 다음과 같은 진리를 중얼거렸다.

'나는 지금 혼자 조용히 앉아 있다. 나는 그에게 반드시 해답이 찾아온다고 믿는다. 그것은 나의 잠재의식에 의해 나타나게 된다. 나는 행복한 날이 시작되고 있음을 느끼며, 모두가 신의 인도로 행복하게 될 것을 확신한다.'

그녀는 이처럼 나의 지시대로 기도를 되풀이함으로써 그녀의 잠재의식이 일러 주는 행복한 장래에 귀를 기울이게 되었다.

그러자 얼마 후 연인이 그녀에게,

'기적이야!'

하고 기쁨에 찬 모습으로 들어오는 것이었다.

10년 전에 누군가에게 빌려주었던 2천 달러를 돌려받게 된 것이었다.

그녀의 믿음과 잠재의식의 전달은 이처럼 실현될 수 있었다.

빛나는 일상을 위해 날마다 하는 기도문

어제가 마음에 안 드는 날이었다고 해도, 오늘은 모든 면에서 기쁜 일만 생긴다는 것을 확신한다.

오늘은 신의 마음이 표현된 날이며, 나에겐 그 언제보다 가장 빛나는 날이다.

나는 지금 평화와 행복·기쁨으로 충만하다.

나는 신의 사랑을 믿고 신의 인도를 확신한다. 나는 잠재의식이 일러 주는 진실, 마음으로부터 올바른 행위를 하며, 올바른 생각을 한다는 진실을 확신한다.

나는 마음속에 존재하는 신의 힘과 지혜를 전폭적으로 신뢰하고 믿고 의지한다.

나는 지금 평화롭다.

나는 마음속에 있는 신의 부름을 들을 수 있다.

'수고하고 무거운 짐 진 자들아 다 내게로 오라. 내가 너희를 쉬게 하리라.'

〈마태복음〉 제11장 28절

기억해야 할 사항

① 언제나 기도는 해답을 향한 첫걸음이다. 기도함으로써 당신은 신에게로 향하며, 신의 해답을 얻게 된다.

② 모든 것이 가능해진다. 전지전능한 신의 힘을 방해하는 것은 세상에 아무 것도 없다.

③ 〈시편〉 제91편을 계속해서 읽고, 믿음 속에서 기대함으로써 당신은 멋진 생활로 인도된다.

④ 신에 대한 믿음이 완전하다면 당신은 죽음에서 구제될 수 있다.

⑤ 당신의 가슴 속에 신의 사랑과 평화를 간직하라. 그러면 허물 많은 과거에 대한 생각은 사라지고 만다.

⑥ 당신이 마음가짐을 새로이 가지면 당신의 인생은 달라진다. 당신의 인생은 당신이 갈망하고 확신하는 그대로 펼쳐진다.

⑦ 기도할 때 의문이나 공포 따위를 쫓아내 버려라. 그리고 신의 지혜에 의해 어떤 경우에도 좋은 해결책이 제시되며, 무엇이든지 이룰 수 있는 '방법'이 나타난다는 것을 인정하라.

⑧ 신은 모든 사람의 마음속에 존재하며, 개개인의 신념에 따라서 바른 해답을 내려준다.

⑨ 당신이 질투·혐오·복수라는 마음의 감옥 속에 갇혀 있다면, 기도로 그 문이 열리고 당신을 자유로운 몸으로 풀어 준다.

⑩ 언제든지 길은 열려 있다. 당신의 마음속을 어지럽히는 바퀴를 멈추게 하라. 그리고 신이 해답을 지시한다는 것을 인식해야만 한다. 그러면 신이 해답을 알고 있으므로 당신도 깨닫게 된다.

⑪ '―거기에서 당신들에게 말하지만, 무엇이든지 기도하는 것은 이미 해결된 것으로 믿어라. 그러면 그대로 될 것이다.'

07

공포는 근본적인 문제만 풀면 아무것도 아니다

These truths can change your life

공포란 것은 인생을 움츠리게도 하지만, 우리는 반대의 삶에 대한 방법을 터득할 수 있다.

공포는 때때로 지난날에 실제로 경험한 것으로부터 비롯된다. 또 더러는 공포라는 감정이 민족에 계승되기도 했다.

분명히 우리의 잠재의식 속에는 아주 원시적인 공포란 게 남아 있다.

그러나 우리는 마음속에 존재하는 하느님과 하나가 됨으로써 이러한 공포를 정신적·감정적으로 뿌리 뽑을 수가 있다. 그 어떠한 공포도 하느님을 사랑할 줄 알고, 하느님에 대한 믿음을 가짐으로써 떨쳐 버릴 수 있다. 그 어떤 것에도 속박받지 않는 자유로운 인간이 될 수 있다.

꿈을 통해 죽은 아버지가 숨겨 놓은 재산을 찾다

몇 년 전, 내가 뉴욕의 어느 호텔에 투숙하고 있을 때, 앤이라는 낯선 여성으로부터 전화가 걸려 왔다.

"집 어딘가에 대단히 많은 재산을 숨긴 채 아버님이 돌아가셨습니다. 저는 지금 너무 당황한 나머지 절망과 공포 속에서 갈팡질팡하고 있습니다. 돈은 필요한데, 도대체 그 돈을 어디에서 찾아야 좋을지 모르겠어요."

그녀는 그때까지만 해도 자신의 잠재의식과 통하는 방법을 몰랐다.

나는 그녀에게 기도하도록 지시한 다음 그 이튿날 나를 방문해 달라고 말했다.

그날 밤, 꿈속에 한 남자가 나타나더니 나에게 이렇게 말하는 것이었다.

"어서 일어나 이대로 써 주십시오. 당신은 내일 내 딸인 앤과 만나기로 약속이 되어 있지요."

나는 일어나서 책상 서랍을 열고 호텔에 비치된 편지지를 찾았다. 그러고 나서 꿈속에 나타난 남자가 부르는 대로 받아 적었다.

현재 쓰고 있는 사람은 꿈속에 있는 '나'이지만, 나의 잠재의식이 아니란 사실을 나는 알 수 있었다. 편지지에 받아 적고 있는 사람이 내일 만나게 될 앤의 아버지라는 것을 의심치 않았다.

나에게 바나나 제도諸島의 토지 소유권에 대한 서류가 있는 장소와 돈이 숨겨진 데를 자세히 가르쳐 준 것은, 육체가 죽은 후에도 그녀를 걱정하는 그의 영혼이란 것을 짐작했다. 그리고 그 모든 사실은 바로 다음 날 증명되었다.

이튿날 아침, 나는 뉴욕의 R. C. 교회에서 앤을 만났다.

126

나는 금세 앤을 찾아낼 수 있었다. 지난밤 꿈속에서 그녀도 보았기 때문이었다.

우리의 잠재의식에는 대단한 일까지 내재하여 있다. 평소에는 조금도 의식할 수 없지만 자기 스스로 알게 된 사항이나 인식하고 있는 사항이 영향을 드러내는 것이다.

그녀는 쓸데없는 공포의 도가니 속에서 허우적대고 있었다.

그녀의 잠재의식은 처음부터 재산이 숨겨져 있는 장소를 알고 있었고, 해답은 잠재의식과 교류가 이루어지는 순간 즉시 나타났을 것이다.

그녀는 마음의 움직임에 관한 법칙을 인식함으로써 완전히 생활 방법을 바꾸게 되었다.

그녀는 생명력이 넘치는 적극적인 여성으로 변모하였고, 현재 자기의 일을 훌륭히 수행하고 있다.

마음가짐 하나로 성공을 거둘 수 있다

한 젊은 부인이 뉴욕에서 음악 교습소를 열었다.

그녀는 많은 돈을 들여 광고하였지만, 몇 주일이 지나도록 한 사람도 교습을 신청하러 오는 사람이 없었다.

그녀는 자기의 실패를 확신하고 있었다. 그녀는 학생들에게는 알려지지 않은 무명 선생이었기 때문이다.

그러나 그녀 스스로 품게 된 공포에 근본적인 문제가 있었다. 그녀는 그것을 인식하고 마음가짐을 바꾸기로 했다.

그녀의 강의를 듣는 학생은 굉장한 이득을 얻게 된다는 확신을 했다.

그녀의 음악 교습소는 다음과 같은 방법으로 큰 성과를 올리게 되었다.

자기는 공부를 하고, 학생들은 자기의 가르침을 기쁘게 받아들이고 있다고 하루에 두 번씩 상상하곤 했다.

'나는 내가 되고 싶다고 생각한 대로 연기를 한다. 그러면 반드시 나는 그렇게 되고 만다.'

그녀는 여배우가 되어 그 드라마의 주인공 노릇을 했다. 그녀는 그 분야에서 성공한 선생처럼 행세했고, 집중해서 자기가 바라는 모습을 상상했다.

그녀는 인내를 가지고 이 같은 자기 암시를 지속했다.

그러는 동안, 점차로 그녀의 이상이 실제로 모습을 드러내기 시작했다. 이윽고 혼자서는 감당하기 어려울 정도로 학생이 불어나고, 조수까지 채용하게 되었다.

스스로 지닌 마음가짐 하나로 자기가 하고 싶거나 되고 싶다고 바란 모든 일이 이루어졌다.

상상력으로 자신의 목숨을 지킨다

1958년, 내가 남아프리카의 케이프타운에서 연속 강연을 하고 있었을 때이다.

어느 유명한 변호사가 나의 강연을 듣고 〈아르가스〉라는 신문 한 면을 내게 보내 왔는데, 그 기사는 I. P. 케인이라는 중령이 한국의 6. 25전쟁에 참전했다가 상처를 입고 포로가 된 자기의 체험담을 증언하고 있었다.

군의관이던 그가 포로로서 18개월 동안 견디기 힘들 정도의 대우를 받았지만, 그 일에 대해 절대 저주하지 않았다.

그는 영국의 자기 집에서 정원을 산책하는 모습을 상상했다. 또한, 자신을 환영해 주는 마을 교회당의 종소리도 들었다.

"내가 이렇게 살아남을 수 있었던 것은 이 멋진 장소자기 집, 정원, 사랑하는 가정을 마음속에 그렸기 때문입니다. 나의 마음은 한시도 이 그리운 고향을 벗어나지 않았습니다."

케인 중령의 말이었다.

그는 포로의 신분이 됨으로써 증오에 찬 나날을 원망하거나 절망에 빠지지 않고, 언제나 긍정적인 사고와 밝은 희망을 가슴에 간직하고 있었다.

그는 사랑하는 아내와 아이들이 있는 가정에서 행복한 생활을 영위하는 자기의 모습을 상상하곤 했다.

그리고 그러한 행복과 기쁨을 실제로 느낄 수 있었다.

고향의 집에 있는 정원을 떠올리면, 거기에 따르는 즐거운 일들이 차례차례로 펼쳐졌다.

이 같은 상상은 그의 마음속에서 점점 커졌다.

다른 포로들은 실망과 절망 속에서 서서히 죽어 가고 있었지만, 그만은 지속해서 활기 있는 생활을 유지했다.

그는 꿈을 버릴 수 없었다.

"정말이지, 이 꿈을 한순간이라도 포기한 적이 없어요."

그의 말이었다.

케인 중령이 고독과 비참과 오욕 속에서 살아남게 된 것은 그런 그의 적극적인 태도 덕분이었다.

그는 성실한 마음으로 자기의 꿈의 키워 나갔다.

부정적인 행동이나 태도를 보이지 않음으로써 상상의 세계를 깨뜨리지 않았다.

그는 자기의 꿈을 마음속에서 굳건히 지켜나간 끝에 영국에 있는 자기 집으로 당당히 돌아갈 수 있었다.

그는 자기의 이상이 지향하는 곳으로 흘러간다는 깊은 진리를 깨달았다.

증오는 육체적인 질병과 정신적인 착란을 부른다

샌프란시스코에 있는 정신과학 연구소에서 강의하고 있을 때, 한 청년이 나를 방문하였다.

그는 나에게 이렇게 말했다.

"저는 어떤 알 수 없는 공포에 사로잡혀 있습니다. 자다가 식은땀을 흘리면서 깨어나면 부들부들 떨리기만 하여 밤새도록 한잠도 이룰 수 없습니다."

그는 가끔 천식이 발작을 일으켜 고통을 겪고 있었다.

그와 대화를 주고받는 동안, 나는 그가 자기 아버지에 대한 증오감이 아주 심하다는 것을 알게 되었다.

그의 아버지는 자신이 소유한 토지를 모두 그의 누이동생에게 물려주었다. 그로 인한 증오감이 그의 잠재의식 깊은 곳에서 극심한 죄악감으로 돌변해 버렸다.

그의 마음속에 내재한 그 죄악감은 장차 자신에게 벌이 내린다는 두려움을 갖게 했다.

그 병적인 콤플렉스가 고혈압이 되고 천식의 발작으로 나타났다.

공포감은 고통을 불러일으킨다.

선의와 사랑은 마음의 평안과 건강을 가져다준다.

그의 공포와 죄악감이 마침내는 육체적인 질병과 정신적인 착란으로 나타나기 시작했다.

대화를 나누는 동안 그는 자신의 죄악감과 자기 고발, 그리고 증오가 그러한 병을 가져오게 된 모든 원인이라고 믿게 되었다.

그 당시보다는 그 후 큰 충격으로 남아 그의 아버지에 대한 행동이 나타나게 되었다.

사실상 아버지에 대한 증오를 키움으로써 스스로 자신에게 해를 끼치고 있었다.

그는 자신을 용납하기로 마음먹었다. 용서한다는 것은, 그 대신에 다른 무엇인가를 가져다주는 일이다.

'나는 아버지를 완전히 용서합니다. 아버지는 스스로 판단해 올바른 일이라고 생각했기 때문에 그렇게 하신 것입니다. 아버지는 선의로써 행한 일입니다. 나는 아버지에게 기쁨과 조화, 그리고 평화가 가득하기를 진심으로 기원합니다.'

그는 자기의 심리적인 상처를 치료하고 보살폈다.

마침내 그는 심리적인 상처가 치유됨과 동시에 천식의 발작도 사라지고, 혈압도 다시 정상으로 되었다.

그의 잠재의식에 상처를 주었던 벌에 대한 공포가 비로소 자취를 감추게 되었다.

잠재의식에 문제를 제기하면 반드시 그 해답이 나온다

"무엇을 어떻게 해야 할지 모르겠어요. 무엇인가를 하려고 마음먹으면 시작도 하기 전에 두려운 마음부터 앞서요. 지금 이 상태로 있어야 좋을지, 아니면 새로운 일을 찾아야 할지 모르겠습니다. 사는 집을 팔고 이사해야 할지, 어떨지? 현재 교제하는 사람과 결혼을 해야 할지 어떨지? 모든 문제에 대해 해답이 필요합니다. 하지만 제가 과연 올바르게 판단하고 결정을 내릴 수가 있을까요?"

한 젊은 여성이 내게 보내온 편지의 내용이다.

무슨 일이든 시작하기만 하면 '잘못되는 게 아닌가?' 혹은 '자기는 항상 잘못된 판단만 하는 것은 아닌가?'에 대한 두려움이 편지 곳곳에 들어 있었다. 게다가 여러 가지 복잡한 문제에 대한 해답을 얻지 못하고 고민까지 하는 중이었다.

더군다나 그녀는 잠재의식의 작용에 대해서는 전혀 모르고 있었을 뿐만 아니라, 이를 무시함으로써 미궁에 빠져 헤매는 자기의 마음에 박차를 가했다.

나는 그녀에게, 잠재의식에 문제를 제기하면 반드시 그에 대한 해답이 나온다는 사실을 말해 주었다.

잠재의식은 아무리 어려운 질문이라도 해답을 내려 줄 준비가 되어 있으며, 항상 마음속 저변에 깔린 정신적인 힘으로써 대응할 수 있다.

물론, 이러한 법칙은 잠재의식에 존재하고 있는 아이디어가 좋든 나쁘든 똑같이 작용한다.

나의 이러한 설명을 듣고 그녀는, '결코 해답을 내릴 수가 없어요. 무엇을 어떻게 해야 할지 모르겠어요. 저는 곤궁에 처해 있어요.' 등과 같은 부정적인 생각을 다시는 않기로 했다.

잠재의식에 내재한 무한한 예지가 반드시 자신의 문제에 대해 해답을 알고 있다는 것을 그녀가 믿게 됨과 동시에, 그녀의 잠재의식에는 지극히 명쾌한 확신이 자리 잡게 되었다.

그녀는 반복하여 다음과 같이 기원했다.

'하느님의 지혜는 전능하십니다. 나의 잠재의식의 지혜는 반드시 나에게 정확한 해답을 가르쳐 줍니다. 집 문제나 결혼 문제 등과 같은 모든 문제를 하느님이 시키는 대로 하겠습니다. 하느님의 지혜야말로 내 안에 숨겨져 있는 능력을 끌어내고, 내가 해야 할 바를 다하도록 합니다. 내가 원하는 바를 하느님이 지시하는 대로 행함으로써 내 인생은 밝아지고, 나는 행복할 수 있습니다.'

그 후 그녀는 어느 법률 사무소장과 결혼하게 되었고, 두 사람이 함께 그녀의 집에서 살게 되었는데, 이는 그녀의 골치 아픈 문제에 대한 이상적이고 완전무결한 해답이었다.

그녀의 잠재의식은 이렇듯 현명한 해답을 끌어냈던 것이다.

생각이 현명하다면 행동 또한 현명해진다

당신의 생각이 현명하다면 당신의 행동 또한 현명하게 될 것이다.

당신의 행동은 당신이 생각한 바가 밖으로 나타나는 데 불과하기 때문이다.

건설적인 행동이나 결단은 마음속에 있는 생각이 현명하고 옳다는 것을 증명하는 데 불과하다.

어떤 특정한 문제에 대한 해답이나 해결책을 구하고자 할 때, 그 목표를 달성하기 위해 필요한 단계를 소홀히 해선 안 된다.

당신의 생각이 잠재의식을 활발하게 움직이고, 또 그 잠재의식이 당신의 문제에 대한 해결책을 갖고 있음을 당신이 알았다면, 우선 그 해답을 방해하는 요소를 제거하지 않으면 안 된다.

세상의 모든 문제의 해결책은 나 자신 속에 있다

'오늘, 이날에 너희가 사용할 자를 선택하라.'

성경에 씌어 있는 말이다.

선택하는 능력은 건강이나 마음의 평화, 그리고 부富 등과 같은 것을 얻기 위한 중요한 열쇠가 된다.

만일 올바른 사고思考에 대해 배워 알고 있다면, 고통이나 비참, 그리고 빈곤과 속박 같은 것은 찾아오지 않을 것이다.

당신의 마음속에 존재하는 무한한 지혜의 도움을 받으면 행복으로 가는 길을 포착할 수 있다.

'나는 행복·평화·번영·현명·안정을 선택한다!'

이렇게 당신은 분명한 어조로 말할 수 있게 된다.

잠재의식이 활력과 지혜로 충만하고 당신을 확실히 의식한다면, 그때부터 잠재의식은 당신을 도울 것이다.

올바른 답을 주면서 해결의 길이 열리게 된다.

적극적이고 단정적으로, 그리고 아무런 망설임이나 공포를 느끼지 말고 이렇게 선언해 보라.

'창조의 힘은 이 세상에 오직 하나밖에 없다. 그것은 나 자신 속에 숨어 있는 힘이다. 거기에는 세상의 모든 문제에 대한 해결책이 들어 있다. 나는 이러한 사실을 알고 느끼며 확신하고 있다.'

이러한 진리를 대담하게 선언하게 되었을 때, 당신은 당신의 문제를 해결하는 열쇠를 얻을 수 있다.

그렇게 될 때 당신은 인생에서 기적과도 같은 일을 맛볼 수 있을 것이다.

좌절과 절망 속에서 빠져나오는 방법

좌절이란 혼란스럽고, 번민하고, 마음이 불안하고, 목표를 달성할 수 없는 상태를 말한다.

좌절감을 느끼게 되면 항상 공포가 뒤따르게 마련이다.

자기가 외부로부터의 압력으로 방해를 받고, 제지를 당하며, 상처를 입는다는 믿음을 지니게 되면, 자기가 품은 희망에 완전히 몰두할 수 없게 된다. 다시 말해, 자기 자신의 힘보다 환경이 주는 압박이 훨씬 더 크게 생각된다는 것이다.

6개월 전, 한 기사가 나에게 상담을 요청한 적이 있다.

"나는 15년 동안이나 한 사장 아래에서 일해 왔습니다. 그런데 전혀 승진도 못 하고 항상 제자리입니다. 그동안 나의 재능은 그야말로 헌신짝 취급을 받아 왔습니다. 이젠 가망이 없습니다. 어쨌든 사장은 나의 능력을 알아주지 않았습니다. 나는 직장을 다른 곳으로 옮겨 보았지만, 역시 헛수고였습니다. 새 직장은 오히려 예전 직장보다 훨씬 못하고 마음에 들지 않습니다."

그는 나이와 민족적인 배경 때문에 승진할 수 없다고 포기한 상태였다.

그는 전형적인 뉴잉글랜드의 독재적이고 폭군 성격을 가진 아버지 밑에서 엄하게 성장했다.

어쨌든 그는 집에서 나온 후 몇 년 동안 편지 한 장 보내지 않았을 정도로 자기 아버지를 원망하고 있었다.

그의 부친에 대한 증오와 원망이 그에게 죄악감을 느끼게 했다. 따라서 그는 항상 벌을 두려워하는 사람으로 변하고 말았다.

"나의 부친처럼 하느님도 역시 나를 엄격하게 다루고 있습니다."

그는 나에게 자기의 심정을 실토했다.

마음속에서 부친에게 거역할 생각을 갖게 되면서 그는 모든 권위에 대해서도 저항하기 시작했다.

자기의 잘못이나 실수도 다른 사람 탓으로 돌렸고, 윗사람을 미워하게 되었다.

또한, 선배나 윗사람의 충고도 모두 무시하고 완강하게 자기주장만을 내세웠다.

그러니 아무리 선량한 사장이라 할지라도 그를 탐탁지 않게 여길 수밖에 없었다.

하지만 나와의 대화를 통해서 그는 절망 속에서 빠져나올 방법을 터득하게 되었다.

그는 승진이 지연되는 근본적인 원인은 자기 자신의 마음속에 있는 공포·

원망·증오이지 다른 사람과는 아무런 상관이 없다는 사실을 인식했다.

그 사실을 깨달음으로써 실망이나 욕구 불만을 해소할 수 있는 계기가 만들어졌다.

그는 하루에 아침과 저녁 두 번씩 다음과 같이 기원하기로 마음먹었다.

'나의 직장에 있는 사람들이 건강하고 행복한 하루하루를 보내고 있으며, 또한 그들이 출세하기를 진심으로 바란다. 사장은 사랑스러운 눈으로 나의 업무를 지켜보고 있다. 나는 그것을 마음속의 상상을 통해 실제로 볼 수 있다. 나는 다른 사람과 서로 돕고 사랑을 나누며 친절한 태도를 지닌다. 자기가 바라는 대로 되고 싶다면 다른 사람까지 배려해야 한다는 법칙을 지키고 실천에 옮긴다. 하느님의 지혜가 나에게 길을 인도해 주고 있다.'

이 같은 생각을 조직적이고 규칙적으로 자기의 마음속에 불어넣음으로써 그는 승진할 기회를 얻게 되었다.

직장을 5개월 동안 다섯 번이나 바꾼 청년

자기의 인생이나 장래, 거기에 대인 관계에까지 자신을 잃은 청년에게 조언해 준 적이 있다.

그는 무슨 일을 하든지 자기 자신은 상사나 동료들의 호감을 사지 못하게 될 것 같은 두려움과 감원에 대한 불안 속에 살고 있었다.

그는 불면증에 걸리고, 또 알코올 중독자가 되어 우울증에 빠져 버렸다.

게다가 그는 책임감이 없고 침착하지 못했으며, 게으른 데다가 성격까지 난폭해졌다. 한 가지 일에 열중하지 못하고, 깨달음과 응용력이 전혀 없는 상태였다.

그래서 나는 그에게 이렇게 말했다.

"무슨 일이든지 항상 두려워하는 당신의 태도가 모든 것을 파괴해 버립니다. 항상 당신의 어둡고 그늘진 표정 때문에 사물의 그릇된 쪽이나 부정적인 요소들만 보이는 것입니다."

어떤 좋은 소식이 가족에게서 전해지면 잠깐 그의 얼굴이 밝아졌지만 금세 평소와 같은 어두운 표정으로 바뀌곤 했다.

나의 조언대로 그는 공개된 자리에서 말하는 연습을 하고 경영 관리에 관한 공부를 기초부터 시작했다.

이윽고 그는 사회생활에서 가장 중요한 개성적인 매력을 지니고 부지런해졌으며, 응용력까지 갖추게 되었다.

그는 항상 하느님에 의해 인도되고 스스로 바라는 길을 제시해 준다는 것을 간직함으로써 새로운 생활을 시작하게 되었다.

그는 점점 변해 가기 시작했다.

지금까지 환영을 받지 못했던 예전 모습은 사라지고, 활달하고 밝고 기운찬 청년이 되었다.

일단 맡은 일은 끝까지 책임을 다하는 끈기 있는 청년이라는 평판이 나 돌면서 사장으로부터 인정을 받게 되었다.

그는 건강과 조화 속에서 진실한 행동이 몸에 배어 행복과 기쁨에 넘친 생활을 하게 되었다.

자기의 인생과 남에 대한 마음가짐이 바뀜으로써 보람과 기쁨이 넘치는 생활로 바뀐다는 것을 몸소 체험할 수 있었다.

쓸데없는 공포심이 사라지고, 활기에 찬 나날을 위해 적극적으로 개선해 나가자 인생에 대한 그의 태도 역시 완전히 바뀌었다.

믿음에 대한 확신을 갖고 전진하라

누구든 동시에 두 사람의 주인을 섬길 수는 없다.

마음속에서 이상을 향해 전진하는 힘과 그것을 제지하는 힘이 함께 내재하여 있다면 바라는 대로 이루어지기 힘들다.

그런 생활이 되면 마음속에 암투가 생겨 결국 마음이 두 갈래로 갈라지고 만다.

전진을 시도해도 발목을 잡히는 힘의 작용으로 더는 움직이지 못하게 된다. 사람의 마음이란 하나로 모이지 않으면 안 된다.

마음이 하나로 모이지 않은 사람은 꼼짝하지 못한다. 두 종류의 신이 마음속에 존재한다면 서로 적의를 품고 다투게 되어 내재한 하느님의 힘도 중화되어서 작용하지 못하게 된다. 그렇지 않으면 어느 한쪽의 신이 패배하게 되므로 계속해서 난투극이 일어나게 된다.

그렇게 된다면 절대로 마음이 모이지 않고 혼돈의 상태로 변하게 된다.

따라서 마음의 통일이 절대적으로 필요하다. 마음속에 거역하는 존재를 내버려 두어서는 안 된다. 아무리 전능하신 하느님이라 할지라도 마음속에 하느님에게 저항하는 힘이 나타난다면 그 힘을 제대로 쓸 수 없다.

두 가지 반대되는 힘이 서로 얽혀서 싸우는 사람들이나 서로 다른 두 신을 품고 있는 사람들의 마음속은 혼돈으로 가득 찬다는 것을 즉시 알게 된다.

그런 사람들의 마음속에는 두 주인이 함께 존재하는 셈이다. 따라서 마음 역시 두 갈래로 갈라질 수밖에 없다. 두 주인을 섬기게 된다면 힘 역시 두 갈래로 나뉘고, 그 두 종류의 힘이 서로에게 상처를 주게 된다.

당신에게 희망을 가져다주는 하느님은 당신이 원하는 것을 곧 가질 수 있게 항상 당신을 인도해 준다는 믿음이 필요하다. 그 믿음 속에서 유일한 하느님에 대한 확신을 하고 한 길로 전진해야 한다.

때로는 마음속을 자세히 살피라

당신은 혹시 다른 사람과의 불화나 오해를 부른 적은 없는가?

당신은 틀림없이 그런 불쾌한 경험을 되풀이하곤 했을 것이다.

그런 불미스러운 대인 관계는 당신의 마음속에 해가 되는 요소가 들어 있기 때문이다.

독자 여러분은 어린 시절, 목욕탕에 가서 나쁜 아이들과 어울리지 말라는 부모님이 주의를 받은 적이 있을 것이다. 그리고 그것을 어기게 되었을 때 꾸중을 들은 일 또한 기억이 날 것이다.

이처럼 당신의 마음속에 두려움과 원망·악의·적개심·번민 같은 어두운 부분을 지니지 말아야 한다.

이런 감정은 당신의 마음으로부터 침착·안일·건강을 말살해 버린다.

그러한 부정적인 요소들이 당신의 마음속에서 활개를 치면서 요란스럽게 움직이지 못하도록 단속을 해야 한다.

당신의 마음속을 항상 밝은 빛으로 가득 찬 대로大路로 만들고, 신뢰·평화·진실·사랑·기쁨·선의·건강·행복·부富가 언제나 흘러 넘치게 하는 것이다.

당신은 친구를 마음대로 고를 수가 있다.

당신은 친구를 선택할 때 성실성이나 고결한 성품을 보게 될 것이다.

당신은 스스로 옷·일·친구·선생·책·가정·음식물 등을 선택하게 된다.

두 개 중에서 뭔가 하나를 선택할 경우, 그것이 모자이든 구두이든, 반드시 어느 한쪽이 다른 쪽보다 낫다는 판단하에 그것을 고를 것이다.

그런 것들을 고를 때도 마음속에서 저울질하게 되는데, 무엇보다도 중요한 마음의 벗에 관해서 성급하게 결정을 내릴 필요는 없다.

때때로 자기의 마음속을 살펴보면서 마음속에 남아 있는 요소들을 조사해 보면 더 유익할 것이다.

만일 건강·평화, 그리고 선의 등 훌륭한 요소들이 많다면 당신은 풍부하고 한결 나은 성과를 올릴 수 있게 된다.

진실은 당신을 자유롭게 한다

마음속의 그릇된 신념이나 의견, 사고를 모조리 제거하고 그 대신에 '진실'을 채워 넣어야 한다.

당신을 자유롭게 만들어 줄 수 있는 것은 오직 진실이기 때문이다.

당신은 스스로 오감五感에 의한 희생자가 되어서는 안 된다. 당신의 외적 존재인 외부의 상황이나 환경의 지배를 받지 말아야 한다. 외적인 상황은 스스로 마음먹은 대로 바꾸게 되면 저절로 바뀌게 된다.

당신의 사고방식과 느끼는 바가 당신의 운명을 형성한다.

그것은 당신이 실제로 경험하게 되는 일로써 결정하는 것이다.

당신의 생각·느낌·믿음의식적이든 무의식적이든 불문하고이 당신의 인생에 일어나는 모든 사건과 상황을 결정한다는 사실을 확실히 깨닫게 될 때, 타인들이나 다른 외부의 힘을 두려워하거나 원망하고 저주하는 일들은 사라지게 된다.

당신 자신 말고는 그 어떤 것도 당신을 바꾸어 놓을 수 없다.

당신의 행복은 외부로부터 결정되지 않는다

몇백 년 동안이나 우리 인간은 자기의 외부로만 눈을 돌리고, 외적인 상황에 따라서 교차하는 기쁨과 근심 속에서 살아왔다.

자기의 행복이나 번민도 자기 이외에 외부의 환경에 의하여 결정된다고 믿어 왔다.

그러므로 환경이나 조건이 바뀌게 되면 원망을 하거나 저주하고 두려움속에서 후회와 당황을 되풀이했다.

자기 자신을 운명이나 기회, 우발적인 사고의 피해자로 인식한 것이다. 대부분 사람은 자기의 행복이 외부로부터의 압력이나 힘으로 결정되는 것으로 믿는다.

사람들의 마음속에는 언제나 환경에 의하여 규제된다는 생각과 망상·미신·걱정·악마·마력 등의 혼돈으로 채워져 있었다.

그러나 인간의 사고방식은 창조적이기 때문에 사고방식에 따라 행복과 불행으로 갈라지는 것이 사실이다.

외부 힘으로 살아가는 방식이 결정된다는 잘못된 생각은 완전히 쫓아내야 한다. 조화와 평화의 천국을 비참과 고뇌의 지옥을 만든다는 사실을 깨달아야만 한다.

자기의 잠재의식을 적극적으로 움직일 수 있고, 반대로 소극적으로 움직일 수도 있는 게 인간인 것이다.

또한, 외부로부터의 자극 때문에 반응이 일어나지도 않고 일정한 형체를 가지지 못한 잠재의식은 인격 또한 지니지 못한다.

따라서 만일 사람이 그릇된 방향으로 향해 부정적이고 소극적인 사고를 하면, 잠재의식은 자연히 그 사고에 의해 지배를 당한다. 그리고 잠재의식에 전달된 대로 나타나 직접 체험하게 만드는 것이다.

또 건전하고 건설적인 사고를 하는 사람의 잠재의식은 즐거운 경험과 행복한 환경으로 채워지게 된다. 이것은 지극히 자연스럽고 일반적인 인과 관계의 법칙에 의한 것이다.

마음의 작용을 단단히 붙잡아 두라

당신이 마음가짐을 어떻게 하느냐에 따라 어떤 벌이 내려지고 무엇을 보수로 받느냐가 결정된다.

만일 마음속에서 그릇된 결정을 내리면 잠재의식의 법칙에 따라 막대한 타격을 입게 된다.

자연계에 있어서 작용과 반작용의 법칙은 일반적인 원리이다. 만일 당신이 현명한 사고방식을 갖는다면 자동으로 현명한 행동을 하게 된다.

하느님은 결코 사람에게 벌이나 내리고 복수심에 불타는 존재가 아니다.

하지만 당신의 반응과 그에 관한 결과를 실제로 경험하게 되는 것은 마음속의 자연적인 법칙에 의해서이다.

자기 마음의 작용을 단단하게 붙잡아 두지 않으면 가끔 당신이 사고한 대로 마치 복수를 당한 듯한 결과가 되는 것이다.

하나의 힘이 주어지면 그만큼 힘의 작용이 돌아온다는 작용 반작용의 법칙을 당신도 여러 번 경험한 적이 있을 것이다.

수영도 할 줄 모르면서 강물 속에 뛰어들어 빠져 죽게 되었다고 해서 그 강물을 비난하거나 원망할 수는 없다. 강물에 복수할 수 없는 것과 마찬가지일 것이다.

내세란 어떤 것이냐는 물음이 담긴 편지를 가지고 나의 영혼은 여행을 떠났다.

그리고 나에게로 돌아온 영혼이 말했다.

'바로 자기 자신 속에 천국도 있고 지옥도 있는 것이다.'

오마 카이얌

144

몸과 마음의 생기를 불어넣는 기원

가끔 자기 마음속의 톱니바퀴를 멈추게 한 다음, 모든 사람의 마음속에 존재하는 위대하고 영원한 진리와 대화를 나누도록 하라.

기쁨으로 가득 찬 마음이 되어 다음에 소개하는 기원을 규칙적이고 조직적으로 외쳐 보라.

당신은 정신적·감정적·육체적으로 활력이 넘치고 마음이 맑아져 오며, 새롭게 힘이 솟구치게 될 것이다.

'전지전능하신 하느님의 가호 아래 사람들이 알지 못하는 장소에 존재하는 좋은 것들이 기다리고 있을 것이다.'

'나는 아주 높은 곳에 존재하는 비밀 장소에 살고 있다. 바로 나 자신의 마음이다. 행복과 환희, 그리고 깊고 안정된 정신작용이 내 마음속에 박혀 있다. 내 마음속에 존재하는 모든 것은 하느님의 아들이다. 내 마음은 지극히 평온하며, 언제나 가족들은 온 인류와 교류하고 있다. 스스로 원하는 모든 좋은 것들을 다른 사람과 함께 나눈다. 현재 나는 하느님이 존재하는 장소에 있다. 나는 하느님과 더불어 존재하며, 행복과 평화가 언제까지나 지속할 것임을 믿는다.'

기억해야 할 사항

① 정신적·감정적으로 자기 자신의 마음속에 존재하는 하느님과 손잡고 두

려움을 완전히 제거한다.

② 스스로 구하는 바를 찾지 못한다면 자기의 잠재의식으로 들어가 자문한다. 반드시 해답이 나올 것이다.

③ 벌에 대한 공포의 근본적인 원인은 증오이다. 다른 사람을 용서함으로써 자기 자신을 자유롭게 해 준다.

④ 실패에 대한 두려움이 바로 실패를 부르는 것이다. 당신이 성공을 확신한다면 반드시 행운이 찾아오게 된다.

⑤ 만일 곤란한 상황에 부닥쳐 있다면 마음속에 자기의 꿈을 새겨 두고 그에 대한 믿음을 갖도록 한다. 마음속에서 진실로 구하는 꿈은 당신이 실제로 체험하게 된다.

⑥ 갖가지 육체의 질병의 원인이 공포라는 사실을 명심하라. 선의와 사랑으로 흘러넘치게 하면 질병은 사라지고 만다.

⑦ '두렵다', '어떻게 될지 모르겠다'라는 말은 하지 않도록 한다. 당신의 잠재의식은 당신의 말을 그대로 수용하고 당신을 혼란 속에 빠뜨린다.

⑧ 현명한 사고방식에서 현명한 행동이 나오게 된다.

⑨ 건강과 행복, 마음의 평화는 당신의 마음이 선택할 수도, 버릴 수도 있다.

⑩ 절망해선 안 된다. 희망을 품고 전진해 나간다면 하느님은 그 희망을 실현하게 해준다. 전지전능하신 하느님에 대적할 힘은 없다.

⑪ 당신이 정신과 마음가짐을 바꾸게 되면 모든 것이 변할 수 있다. 자기 자신과 잠재된 능력을 믿고 최선을 다한다면 당신의 인생에 놀랄 만한 기적이 일어나게 된다.

⑫ 두 가지의 상반된 생각이 마음속에 존재하는 사람은 마음이 정돈되지 않는다. 언제나 마음속의 생각을 하나로 통일하라. 마음속에 존재하는 오직 하나의 강한 힘을 인정하라. 그러면 당신의 마음도 정돈이 되어 작용하게 될 것이다.

⑬ 인생의 모든 번민은 자기 자신의 마음속에 섞인 부정적인 요소들이 원인

이다. 지금 즉시 당신의 마음속에 어떤 것들이 내재하여 있는지 유심히 들여다보라.

⑭ 당신의 운명을 만들어 가는 것은 자기 자신의 느낌과 사고이다. 당신 자신에게 어떤 사고가 일어났을 때 비난을 받아야 할 사람은 바로 당신 자신이다.

⑮ 현재 천국이나 지옥을 만드는 것은 사람이 날마다 하는 사고에 달려 있다.

⑯ 마음가짐에 따라 보수를 받을 수도, 벌을 받을 수도 있다. 작용 반작용의 원리는 자연계의 보편적인 법칙이다. 부정적으로 사고하면 나쁜 일이 생기고, 긍정적으로 사고하면 좋은 일이 생기게 됨을 명심하라.

08

직관은 최상의 방책과
올바른 방향을 찾아준다

These truths can change your life

어떤 결단을 내려야 할 상황에 부닥치면 혼란과 두려움으로 갈팡질팡할 때도 있다.

그럴 때마다 자기 자신에게 직관이 내재하여 있음을 상기하라.

모든 점에서 당신을 올바른 방향으로 이끌어 주고 안내해 주는 게 바로 직관이다.

그것에 의하여 당신은 가장 훌륭한 계획을 세우고 자기가 가야 할 길을 선택할 수 있다.

최상의 방책과 올바른 방향을 찾는 좋은 방법은 자연적으로 가장 훌륭한 방책이 마음속으로부터 솟아오르기를 기다리며 올바른 해답을 구해 내는 것이다.

그러면 당신의 잠재의식에서 깊이 잠들어 있는 무한한 예지가 당신의 요구를 들어준다.

이 반응은 당신의 내적인 감정과 주의력에 따라 당신을 적절한 때에 적절한 곳으로 가게 하며, 당신의 입으로 적절한 말을 할 수 있도록 하며, 적절한 방법으로 적절한 행동을 취할 수 있도록 이끌어 준다.

기도한 후 직관에 의한 해답을 기다리라

한 목사가 다른 폐지된 교회의 설비를 사들이는 문제로 고심하다가 나에게 자문해 왔다.

나는 그 목사에게 이렇게 대답해 주었다.

"기도하고 나서 마음속에 떠오르는 대답에 따르십시오."

그로부터 2~3일간은 아무런 일도 일어나지 않았다.

그러던 어느 날, 그 목사에게서 전화가 걸려 왔다.

그 목사의 교회에서 운영 위원회를 열어 폐지된 교회의 설비에 관해서 의논하는 중이라는 것이었다.

나는 그의 말을 들으면서도 내심으로, '사들이지 않는 쪽으로 결정하는 게 옳다'는 생각을 하고 있었다.

그 역시 나와 같은 직관이 든다고 말했다.

그 문제는 직관대로 결정이 내려졌고, 그러한 결정은 나중에 올바른 것으로 증명되었다.

참된 해답은 기도밖에 없다

언젠가 나의 라디오 강연을 들은 한 청취자로부터 편지 한 통을 받았다.

아파트 임대업을 하는 그녀는, 몹시 포악한 사내가 세 들어 있는데 날마다 만취된 채 들어와서는 이웃들을 괴롭힌다는 내용이었다. 아무리 그 사내를 내보내려고 해도 듣지 않는다는 것이었다.

이윽고 마음을 차분히 가라앉힌 그녀는, 그 주정뱅이 사내의 잠재의식 속의 지혜가 그가 가야 할 곳을 일러 주고, 가능한 한 이른 시일 안에 이 아파트에서 나갈 수 있도록 이끌어 달라고 기도했다.

'그는 묵묵히 다른 데로 이주합니다. 그가 이 아파트에서 나가는 게 그 자신의 사랑과 행복과 평화를 얻는 길입니다.'

그녀는 이렇게 마음속으로 긍정적인 사고를 했다.

그녀는 지속해서 기도했다.

마침내 그녀가 기구한 것이 이루어졌다.

그 주정뱅이 사내는 갑자기 밀렸던 방세를 모두 해결하고 나서 조용히 어디론가 이사를 해 버렸다.

그리고 얼마 후, 그 아파트에는 교양 있는 사람이 들어왔다.

최상의 해결책은 불현듯 떠오른다

어느 실업가가 나에게 직관을 얻기 위해 어떤 기도를 하고 있는지 들려주었다.

그는 아주 간단한 방법을 사용하고 있었다.

그는 아침 일찍 출근하여 자기 방으로 들어간다. 아직 다른 사원들은 출근하지 않았으므로 조용한 가운데 아무런 방해도 받지 않는다. 그는 눈을 지그시 감은 다음 자기 자신 속에 있는 하느님에게 의견을 구하며 기다리는 것이었다.

그렇게 함으로써 자기 자신의 마음속에 평화와 힘을 부르고, 확신에 가득 찬 분위기를 만들어 주었다.

그리고 그는 간단한 방법으로 하느님께 이야기한다.

'전지전능하신 주여, 지금 여기에 있는 문제에 대해 최상의 해답을 내려 주십시오.'

그런 다음에 그는 최선책을 찾아내고, 게다가 그것이 자기 스스로 생각해 낸 것으로 상상하는 것이다.

그리고 그는 이렇게 확신하였다.

'해결책을 찾은 데 대해 하느님에게 감사를 드립니다.'

이 같은 기도를 마친 그는 바쁜 일상 속으로 돌아간다.

최상의 해결책은 스스로 그에 연관된 생각을 않고 있을 때 불현듯 떠오른다.

그는 나에게 이렇게 말했다.

'갑자기 번개처럼 최상의 아이디어가 떠오릅니다.'

그러면서 정말 뜻밖에 가장 훌륭한 해결책이 불현듯 떠오르기 때문에 자기 자신도 무척 놀라게 된다는 것이었다.

잠재의식은 당신이 필요한 해답을 알고 있다

나의 공개 강연을 듣고 있던 한 대학의 교수는, 자기가 집필 중인 논문을 완성하기 위해서는 1,000~1,500년 전의 자료가 필요하다고 생각했다.

하지만 그는 그 자료를 어떻게 구해야 하는지 그 방법을 모르고 있었다.

영국 박물관이나 뉴욕 도서관에서 구하게 될지도 모르지만, 영국까지는 8천 마일, 뉴욕까지는 3천 마일이나 떨어져 있었다.

그는 그 자료를 손에 넣으려면 몇 주일이 걸릴 수도 있다고 생각했다. 게다가 도서관을 찾는다 해도 사서에게 어떤 식으로 자세한 설명을 해야 할지 난감하기만 했다.

나는 그에게 잠들기 전에 마음을 편안히 가라앉히고 조용히 다음과 같이 기도할 것을 조언해 주었다.

'그에 대한 해답을 나의 잠재의식은 알고 있다. 그것은 내가 필요로 하는 모든 자료를 기꺼이 내게 가져다줄 것이다.'

이렇게 기도한 후에 그는 잠자리에 들었다. 그는 오로지 마음속 깊이 '해답'이라는 말을 새겨 두고, 단순히 그 말만을 되풀이했다.

당신의 잠재의식은 당신이 필요로 하는 해답을 잘 알고 있으며 무슨 일에든지 사용된다.

갑자기 직관적으로 그 해답이 당신을 올바르게 이끌어 주기도 하고, 가끔 꿈속에서 해답이 보이기도 한다. 또는 전혀 관련이 없는 사람의 말 속에 해답이 들어 있을 수도 있다.

그는 이틀간 '해답'이란 말을 되풀이하는 방법을 사용했다.

사흘째 되는 날 아침, 학교 출근길에 갑자기 고서점古書店에 들어가고 싶은 충동이 일었다.

그래서 고서점으로 들어갔는데, 그는 수많은 책 가운데서 지금까지 찾고 있던 자료가 수록된 서적을 찾아냈다.

주의를 기울여 내면의 소리에 귀 기울여라

때에 따라서는 이와 같은 계시는 하느님이 가르쳐 주는 듯한 느낌이 들게 된다.

우리가 애써 구하려 하지 않는다면 잡을 수 없을지도 모른다.

언제나 주의를 기울여 내면의 소리를 들어야 한다.

그래서 만일 무슨 느낌이 든다거나 해답이 떠오르면 그것을 곧바로 인정하고 그대로 실행에 옮겨야 한다.

먼저 수용할 수 있는 자세를 갖추라

우리의 마음속에 존재하는 직관을 놓쳐 버리는 것은 두 가지 이유 때문이다.

즉, 직관이 작용하고 있을 때, 무슨 일로 인해 긴장되어 있다거나, 신경이 다른 곳에 쏠려 있다면 놓쳐 버리고 만다.

그 계시는 확신에 찬 태도로 아무런 부담감 없이 있을 때 순식간에 떠오르는 직관을 잡을 수 있다.

게다가 자기의 생각에 따라 유도해 낼 수도 있다. 따라서 어떤 계시를 찾는다면 편안하고 차분한 상태를 유지해야 한다.

무슨 일이든지 불안·긴장·공포와 같은 감정하에서는 이루어질 수 없다.

왜냐하면, 당신의 잠재의식은 당신의 의식이 지극히 편안한 상태로 무엇이든지 수용할 수 있는 자세가 갖추어져 있을 때 계시를 주기 때문이다.

잠자기 전에 기도부터 해라

광고를 직업으로 가지고 있는 한 젊은 여성이 훌륭한 광고 문안을 많이 만들어 내어 굉장한 성과를 이룬 사실이 있다.

그녀는 반드시 잠을 자기 전에 '훌륭한 광고 문안'이라고 중얼거리곤 했다. 그녀는 꼭 그 해답이 주어질 것을 믿으면서 잠이 들었다.

그러면 언제나 자기가 믿었던 대로 이루어졌다.

직관력은 실업가나 전문직 종사자에게 중요하다

'직관直觀'이란, 마음속으로부터 깨우침을 받아 알게 된다는 뜻이다.

그 직관은 이성보다 훨씬 빠르다.

이성이란 직관을 작용케 하는 하나의 준비이다.

잠재의식은 우리가 자각하고 있을 때 응답해 준다.

그때, 자연적으로 떠오르는 해답이 바로 직관이다.

실업가나 전문직에 종사하는 사람은 이 직관력을 기르는 게 무엇보다도 중요하다.

몇 주일, 몇 개월에 걸쳐서 실패를 거듭한 끝에 이성적으로 얻은 결론이 그야말로 단숨에 떠오르는 것이다.

이성적인 판단으로도 혼란만 일고 좋은 방법을 찾지 못하고 있을 때, 직관력이 개가를 올리는 것이다.

의식은 이성적으로 사고하고, 분석하고, 촉구한다.

그러나 직관은 지극히 자연적으로 떠오른다.

직관은 의식 위에 있는 지성에 대하여 잠재의식이 제시해 주는 횃불과 같은 것이다. 그럴 뿐만 아니라, 직관은 앞으로의 계획을 바꾸는 게 이롭다든지, 예정된 여행을 취소하라는 경고를 보내기도 한다.

누구든지 직관의 기적을 이용할 수 있다

가르카다에서 만났던 한 유명한 여류 작가가 나에게 이런 말을 했다.

"나의 창작 비밀은 규칙에 따라 조직적으로 이렇게 마음속으로 단언하는 데 있습니다. '하느님이 나를 전적으로 이끌어 주고 있다.' 아름다움·광휘光輝·지혜의 보옥寶玉은 하느님에 의해 나타나는 나의 내면적인 존재로서 나는 오직 경탄할 뿐입니다."

그녀가 좋아하는 기도는 다음과 같다.

'하느님은 무엇이든지 알고 계십니다. 하느님은 내 내면의 고귀한 한 부분으로 존재하시며, 내 마음속에 살아 계십니다. 나의 창작 활동은 하느님에 의해 이루어집니다. 그분은 주제와 등장인물의 성격·이름, 그리고 장소와 환경 등을 나에게 가르쳐 주십니다. 하느님은 연속되는 줄거리를 아름답게 전개해 주십니다. 그러한 하느님의 아이디어에 나는 감사를 드립니다. 나는 잠자리에서도 '소설'이란 말을 되뇌다가 잠들곤 합니다.'

그녀는 '소설'이란 단어가 잠재의식 속에 새겨지고, 그것이 작품으로 나타나게 된다는 것을 알고 있다. 또 그녀는 지속해서 기도하는 동안 창작의 욕구가 일며 대사나 정황 등이 샘물처럼 솟구친다는 것이었다.

이처럼 직관의 기적은 누구든지 쉽게 이용할 수 있다.

잠재의식으로 자기에게 적합한 직장을 구한다

"마치 나 스스로 둥근 구멍 안으로 비집고 들어가는 사각四角 못이 된 것만 같습니다. 이 직장에서 딴 직장으로 자꾸만 옮겨 가게 됩니다. 제게 꼭 맞는 일자리를 구할 수 없을까요?"

이런 번민 속에서 헤매는 세일즈맨에게 나는 아래와 같은 조언을 해 주었다.

"당신의 잠재의식 속에 있는 예지는 당신의 능력과 당신이 가진 힘이 완전히 발휘되는 방법에 대해 알고 있습니다. 그러므로 당신에게 나타난 문제는 반드시 해결될 것입니다."

나는 또 그에게 다음과 같이 기도할 것을 권했다.

'나는 잠재의식 속의 지혜가 적합한 길로 인도된 것임을 확고한 신념으로 받아들인다. 나는 나의 임무를 위해 전진하고 있다. 나는 마음속의 인

도를 확신을 갖고 수용한다. 나에게 목적이란 게 있고, 현재 나는 그것을 이루려는 중이다.'

아주 만족스러운 얼굴로 바뀐 그는 용기를 갖고 돌아갔다.

그로부터 얼마 후 그에게서 자신에게 적합한 직장을 구했다는 소식이 왔다. 그는 잠재의식에 의해 적합한 장소로 인도되었고, 그곳에서 그가 바라던 일을 하게 되었다.

필요한 것을 반드시 얻기 위한 기도

'나는 여기 수요와 공급의 법칙에 따라 필요한 것은 반드시 얻을 수 있다는 것을 알고 있다. 나는 올바른 동기를 갖고 항상 올바른 시기에 올바른 일을 하고자 한다. 나에게 필요한 것은 그 즉시 얻을 수 있다. 나는 내가 꼭 필요로 하는 장소에 있다. 나는 내게 부여된 힘을 최선을 다해 발휘하고, 하느님은 그런 나를 주의를 기울여 지켜보고 계신다. 오로지 하느님에 의해 인도되는 것이다. 스스로 완전하게 하느님의 뜻에 이르는 길이 된다. 나의 길은 하느님의 빛으로 환해지고 있다는 것을 인식하며 믿는다. 하느님의 예지로 나의 행동 하나하나는 격려를 받고 인도된다. 또 나를 위해 사랑·환희·평화·행복으로 통하는 길을 열어 준다. 정말로 놀라운 일인 것이다.'

명심해야 할 사항

① 정신적·감정적으로 정확한 대답을 진지하게 구하라. 그러면 반드시 그에 대한 해답을 얻을 수 있다.

② 당신의 잠재의식 속에 있는 무한한 예지는 모든 해답을 알고 있으며, 그것을 들여다보고 있다. 당신이 부르기만 한다면 반드시 해답이 돌아올 것이다. 잠재의식은 최종적인 결론이 되는 해답만을 제시해 준다.

③ 직관대로 따라야 한다. 그것은 마치 팝콘이 불쑥 튀어 오르는 것처럼 자연스럽게 당신의 의식 밖으로 나타날 것이다.

④ 해답은 언제든지 얻을 수 있다는 사실을 명심하라. 마음을 차분히 가라앉힌 다음 지극히 편안한 자세를 취한다면 기구했던 모든 것들이 기적적으로 이루어질 것이다.

⑤ 마음을 올바르게 이끌어 달라는 기도는 하느님과 정신적인 교류를 나누는 것이다. 당신이 진정으로 원하는 해답은 강한 믿음과 확신을 가질 때 나타난다.

⑥ 잠재의식은 뜻밖의 모습으로 해답을 가져다준다. 해답이 들어 있는 서적을 갑작스럽게 들른 고서점에서 발견할 수도 있고, 우연히 듣게 된 한 마디가 바로 해답의 실마리가 될 수도 있다. 해답은 제각기 다른 상황에서 다양한 모습으로 나타나는 것이다.

⑦ 항상 생생한 눈으로 주위를 둘러보고 주의해 귀를 기울이도록 한다. 그러다가 인도하는 표시가 나타나면 꼭 잡는 것이다.

⑧ 잠재의식의 예지는 당신의 마음이 편안한 상태가 될 때 비로소 잠재의식에 내재한 지혜가 나타날 수 있다. 마음을 차분히 가라앉히는 게 무엇보다도 중요하다.

⑨ '해답'이라는 말을 잠들기 전에 '해답'이라고 계속해서 되뇌도록 한다. 마

치 자장가처럼 지속해서 중얼거려 보는 것이다.

⑩ 직관을 꾸준히 길러 내는 게 지성임을 인식하라.

⑪ 만일 당신의 직업이 전문적으로 무엇을 쓰는 일이라든지 작가라면 주제, 등장인물의 성격, 상황 등이 잠재의식의 예지로 나타나며, 그 엄청난 사실에 스스로 감탄하게 될 것을 인정하도록 한다.

⑫ 당신을 올바르게 이끌어 주고, 드러나지 않은 당신의 능력을 떨치게끔 당신 속에 있는 무한한 지성이 돕고 있다.

⑬ 하느님의 사랑이 당신에게까지 환하게 비쳐서 빛으로 가득 차고 기쁨에 흘러넘치는 행복의 기운을 북돋아 준다는 것을 믿어야 한다. 보람에 찬 인생을 그 길목에서 만나게 된다는 강한 믿음을 스스로 지니도록 한다.

09

결혼은 환희·평화·조화를 가져다 준다

These truths can change your life

시인 랄프 왈드 에머슨은 다음과 같이 말했다.

'결혼이란 크나큰 기분이며 깊고 진지한 은혜이다.'

이 세상의 모든 결합 중에서 가장 신성한 게 결혼이다.

결혼이 지닌 엄숙성에 대해서 분명히 이해한 다음 경건한 마음으로 시작되어야 한다.

이 결혼으로 형성되는 가족이 기본이 되어 사회의 기초를 이루고 문명이 시작된다.

완전한 결혼이란 정신적인 바탕 없이는 불가능하다.

결혼이라는 바탕 위에 신의 이상을 표현하고, 인생의 법칙을 연구하며, 사상·목적·행동을 정해야 한다.

외적 세계에서도 마찬가지로 결혼의 성스러운 결합은 환희·평화·조화를 가져다준다.

사랑은 파괴되지 않는 결합을 안겨 준다

존슨 부인은 항상 남편에게 버림을 받을 것 같은 두려움 속에서 하루하루 살고 있었다.

물론 두려움은 부정적인 감정이었고, 그것이 잠재의식을 통하여 남편에게 전달되었다.

그녀의 남편은 잠재의식과 의식의 작용에 대해서는 매우 무지했으며, 오직 그녀의 버림받을 것 같은 두려움만이 그의 마음으로 전해졌다.

하루는 그녀의 남편이 말했다.

"당신은 나와 헤어지고 싶은 것 같군. 당신이 꿈속에 나타나 나한테 말했었지. '여기서 나가 줘요, 이젠 당신 같은 사람은 필요 없어요. 어디든지 가버리란 말이어요.'"

그녀는 남편에게 자신의 두려움을 사실대로 털어놓았다.

또한, 그의 잠재의식이 그녀의 두려움과 고민을 그런 방법으로 표출하고 있음을 설명했다.

그녀의 남편은 아내의 말을 완전히 이해하게 되었다.

그녀는 날마다 잠들기 전에 남편이 생기와 행복감으로 충만하여 장래가 유망하다고 상상함으로써 두려움을 쫓아낼 수 있었다.

그녀는 사랑으로 가득 찬 평안과 선의를 계속해서 기도했다. 남편이 사랑할 만한 가치가 있으며, 장차 성공하게 될 것이라는 믿음을 갖기로 했다.

그녀는 두려움과 고민 대신 사랑과 평안을 지니게 되었다.

'사랑은 결혼 생활 속에서 파괴되지 않는 결합을 안겨 준다.'라는 위대한 진리를 발견할 수 있었다.

마음을 바꿈으로써 질병이 치유된 전과자

남아프리카의 케이프타운에서 강연할 때의 일이다. 고故 레스터 브란트 박사의 소개로 누군가가 나를 방문한 적이 있었다.

'그 사람은 영국에서 유치장에 갇힌 경험이 있습니다. 석방된 다음 남아프리카의 요하네스브르크로 이주해 은행에서 일하게 되었습니다.'

박사가 나에게 말해 주었다.

그는 한 여류 명사와 결혼하여 장성한 두 아들까지 두고 있었다.

그러나 그는 언젠가는 가족들에게 자기의 과거가 탄로 날 것만 같아서, 자기가 죄수였던 사실이 신문에 나오지나 않을까, 그러면 아내는 당장에 이혼할 것이 아닌가, 자신의 추한 과거가 자식의 장래에 해를 끼치지나 않을까 하고 온갖 두려움 속에 떨고 있었다.

이처럼 지속적인 번민과 두려움으로 인해 그의 몸과 마음은 깊은 상처를 입게 되었다. 그는 때로는 영문도 모르는 아내나 자식들 앞에서 뇌전증을 일으키기도 했다.

나는 그가 의사의 치료나 충고로 치유될 수 없는, 매우 위험한 상태에 있음을 알 수 있었다.

그래서 나는 그에게 질문했다.

'도대체 당신의 마음속에서 당신을 괴롭히는 게 무엇이지요?'

그는 나에게 영국에서 3년간 감옥살이를 했던 과거에 대해 고백했다.

그의 과거에 대해서 나는 브란트 박사나 그의 아내에게서 들은 대로 그에게 이야기해 주었다.

'당신은 과거에 대해서 당신의 부인이나 자식들은 물론, 브란트 박사와 당신이 근무하는 은행의 간부들도 이미 다 알고 있습니다. 물론 부인은 결혼 전부터 그것을 알고 있었죠. 하지만 당신이 다른 사람이 되어 있고, 당신의 감정을 다치지 않기 위해 그 일을 꺼내지 않았을 뿐입니다. 당신이 젊었을 때 범한 잘못은 3년간 감옥에 있으면서 죗값을 치렀고, 그 후 옛날의 당신은 사라진 것입니다. 현재의 당신은 새로 태어난 다른 사람인 겁니다. 당신의 과거는 이미 넘겨 버린 책장과 같은 것입니다.'

그는 주위 사람들 모두 자신의 과거를 알면서도 현재의 자기를 인정하고 사랑한다는 것을 깨닫게 되자, 병이 치유되어 의사를 놀라게 했다.

그의 보이지 않는 정신적 압박으로 인해 오래전부터 질병과 번민이 만들어지고 있었다.

그의 마음을 완전히 바꿈으로써 아내와 자식들 사이에 완전한 조화가 깃들인 평화로운 관계가 이루어졌다.

바다에 대한 두려움을 떨쳐 버리는 방법

얼마 전, 하와이를 여행할 때의 일이다. 나는 어떤 아름다운 여성으로부터 다음과 같은 고백을 듣게 되었다.

"저는 지금 결혼을 취소하려고 한답니다. 그이는 아주 부유하며 훌륭한 청년입니다. 그런 좋은 사람을 만나기도 쉽지 않아요. 그런데 저는 너무도 바다를 두려워하고 있어요. 그이는 신혼여행으로 그의 요트로 세계 일주를 하자고 한답니다. 그런데 저는 부끄러운 나머지 그이에게 사실대로 말할 용기가 없어요. 배와 바다가 두려워서 그런 신혼여행은 갈 수 없다고 말이에요. 저는 그냥 결혼을 취소하기로 했답니다. '난 자격이 없는 여자입니다. 결혼을 취소해 주십시오.'라고 편지를 써서 약혼반지를 돌려주기로 했습니다."

사랑하는 사람과 결혼하고 싶다, 하지만 요트로 신혼여행을 떠나고 싶지는 않다는 게 그녀가 처한 상황이었다. 나는 그녀에게 문제의 해결 방식과 바다에 대한 공포심을 떨쳐 버릴 방법에 관해 설명했다.

나는 선원을 위해 씌인 성경의 〈시편〉 제23편의 문구를 읽어 주고, 그것을 하루에 10분씩 크게 읽으라고 조언을 했다.

나는 또 다음과 같이 지시했다.

'그것을 큰 소리로 읽으면서 진지한 태도로 이해하려고 하면 당신의 잠재의식 속에 있는 모든 두려움과 근심은 반드시 사라지고 말 것이다.'

결혼한 지 40년이 된 여성의 이혼

메이라는 여성의 경우를 소개하겠다.

결혼한 지 40년이 된 메이는 남편의 사업을 도와 번창시켰으며, 네 아이를 두고 있었다.

그런데 갑자기 남편이 이혼을 제의해 왔다.

깜짝 놀란 그녀는 온몸이 찢기는 듯한 충격으로 눈앞이 캄캄할 지경이었다.

이윽고 그녀는 의욕을 잃은 상태로 있어선 안 되겠다고 생각했다.

그녀는 이 장章에 쓰인 대로 따르고 있었으므로 그것을 제대로 실행하면 자기의 힘이 올바르게 사용된다는 것을 깨달은 것이다.

그녀는 용기와 힘·격려 같은 것에 대해 잘 알고 있었다.

그녀는 남편이 소유한 주식 중에서 자기의 몫을 챙겨서 세계 일주 여행을 떠났다.

'신은 장래가 유망한 사람이 내 앞에 나타나게 한다. 그 사람은 나를 좋아하게 된다.'

그녀는 이 같은 확신하고 때때로 자신에게 중얼거렸다.

그녀는 여행하는 동안 이상적인 남성을 만나게 되었고, 파리에서 결혼까지 했다.

그녀는 아이들과 이웃 사람들로부터 존경과 진심에서 우러나오는 환영을 받게 되었다.

그녀는 전남편과의 이혼이 훨씬 풍요롭고 고귀한, 좀 더 신에게 다가선 두 번째 결혼을 위한 것이었음을 깨달았다.

그녀는 잠재된 있는 신의 무한한 지혜를 확신함으로써 절망과 고독을 떨쳐 버리고 승자가 될 수 있었다.

다섯 번째 결혼에 실패한 여성의 기도

'이번이 다섯 번째 결혼인데, 현재의 남편과는 예전의 네 남편보다 관계가 더 악화한 상태랍니다. 결혼한 지 2, 3개월 만에 또 이혼할 것만 같아요.'

이것은 28세의 여성이 나에게 토론한 이야기이다.

그녀는 전 남편이었던 사람들에게 불만과 분노를 터뜨리고 있었다.

'상대를 배려하는 마음 없이 결혼 한다면 당신은 항상 같은 상대를 선택하게 됩니다. 그리고 결혼을 되풀이할 때마다, 잠재의식 속에 든 분노와 적의가 자꾸만 자라나므로 상대의 결점만 보이게 됩니다.'

하고 나는 그녀에게 설명해 주었다.

그녀 마음속의 분노와 적의가 사라지지 않는다면 그녀는 계속해서 같은 유형의 남자와 결혼하게 된다.

그녀는 무의식적으로 '같은 성향끼리 모인다'는 원리대로 사물을 잡아당기는 힘의 법칙을 실행하고 있었다.

나는 그녀에게 다음과 같은 지시를 했다.

먼저 마음속의 분노와 원망부터 없애고, 대신에 사랑과 평화가 가득 차도록 한다.

그녀는 전남편들을 진심으로 용서한 다음 이렇게 선언했다.

'나는 당신들을 놓아줍니다. 어디든지 가고 싶은 데로 가십시오. 나는 당신들에게 부·건강·사랑·행복·기쁨에 넘친 생활이 찾아올 것을 기도합니다.'

이윽고 그녀의 사랑과 결혼에 대한 사고방식이 바뀌게 되었다. 그녀는 사랑이라는 정신적인 기초부터 다지기로 했다.

그녀는 자신의 결혼에 대한 지금까지의 태도나 동기가 잘못되었음을 인정하기에 이르렀다.

그녀가 이용한 기도는 다음과 같다.

'나는 지금 신과 하나임을 알고 있다. 나는 신과 함께 존재하며, 행동한다.

신은 내 인생 모두를 차지한다. 이것은 모든 남성과 여성에 관해서도 똑같이 적용된다.

우리는 모두 유일한 신의 아들이며 딸이다.

나는 한 남성이 나를 사랑하고 있으며 기다린다는 믿음을 버리지 않는다.

나는 그를 위해 행복과 평화를 선사할 것이다. 나는 그의 이상을 사랑하며 그 또한 나의 이상을 사랑한다. 우리는 서로에 대해서 과대평가하지 않는다. 우리는 서로 사랑과 자유와 존경을 주고받으며 충만해 있다.

하나의 마음만이 존재하는 것이다.

나는 지금 내 마음속에 그가 존재함을 확신한다. 나는 아직 만나지 못한 남편과 일심동체가 되어감을 느낀다.

이미 나의 마음속에서 그와 나는 하나가 된 것이다.

우리는 하느님의 마음에 의해서 서로를 잘 알며 사랑하고 있다.

그는 나를 통해서 신을 보며, 나는 신을 통해 그를 볼 수 있다.

이처럼 마음속에서 완전한 결합이 이루어졌기 때문에 나는 틀림없이 그를 만나게 된다.

이것을 마음속으로 중얼거리면 반드시 소원이 성취될 것이다.

내 마음속에서 훌륭한 사람과 결혼하게 된다는 것이 사실로 받아들여지고 있다 이것은 가까운 시일 내에 현실로 다가오게 된다. 나는 그저 신에게 감사할 뿐이다.'

그로부터 2, 3주일 후, 그녀는 치과 의사에게 치료를 받는 동안 그와 아름다운 우정을 나누게 되었다.

얼마 후, 그녀는 그에게 결혼 신청을 받았다.

'역시 내가 생각했던 대로 이루어졌어요. 그와 처음 만나는 순간, 직감적으로 이 사람이 나의 남편이라는 느낌을 받았지요. 단번에 좋아하게 됐답니다.'

그녀가 나에게 한 말이다.

나는 목사로서 그들의 결혼식을 지켜보았다. 그리고 두 사람이 하느님의 마음으로 서로를 찾아 결합하게 된, 진실한 사랑을 토대로 부부가 되었음을 알려 주었다.

훌륭한 여성과 결혼할 수 있는 기도

"3년간이나 교제하며 사랑을 나누던 여성이 결혼을 거부합니다. 나는 그녀와 결혼하지 못한다면 자살을 할 수밖에 없습니다."

뉴욕의 로체스터에서 어떤 청년이 나에게 침통한 표정으로 말했다.

나는 그에게 훌륭한 여성과 결혼할 수 있는 기도를 알려 주었다.

'신은 유일하며 눈에는 보이지 않는 존재이다. 우리는 항상 신의 영향 속에서 살며 행동을 한다.

나는 신이 모든 마음속에 살아 있음을 확신한다. 나는 언제나 신과 함께 존재한다.

나는 나에게 어울리는 훌륭한 여성을 이끄는 매력을 갖고 있다. 이것은 영혼과 영혼이 만나 결합하는 것이다.

신의 작용으로 마음에 드는 여성이 나에게 이끌리는 것이다.

나의 사랑과 광명과 힘을 미래의 아내에게 바친다. 나는 그녀에게 훌륭하고 만족스러운 생활을 약속한다.

그녀가 정신적으로 충실하며 진심으로 충만할 것임을 믿는다.

그녀의 마음은 균형을 이루고 있으며 평화와 행복이 가득하다.

우리는 강한 힘으로 서로를 잡아당기고 있다. 나는 사랑과 진실, 존경만을 주고받는다. 나는 지금 나의 이상적인 동반자를 찾아냈다.'

그는 언제든지 마음속으로 이 기도를 되풀이하여 잠재의식 속으로 흘러가도록 했다.

2, 3주일 후, 그는 투숙해 있던 호텔에서 한 웨이트리스를 만나게 되었다.

그녀와 사랑에 빠진 그는 결혼하기에 이르렀다. 그들은 아주 완벽히 이상적인 결합이었다.

그러면—그의 프러포즈를 거절하고 떠난 여성, 그가 자살까지 결심하게 했던 그 여성은 어떻게 되었을까?

친구의 설명에 의하며 그녀는 이미 결혼을 여섯 차례나 했으며, 언제나 많은 위자료를 요구하며 이혼한 경력의 소유자라는 것이다.

게다가 그녀는 전과자로서 여러 번 붙잡히기까지 했다고 한다. 놀랍게도 그가 그녀에게 구애한 3년 동안 다른 남자와 동거하고 있었다.

유부남을 사랑한 어느 여비서

런던의 한 회사에서 총무부장의 비서로 일하고 있는 아름다운 여성이 나를 방문했다.

"저는 부장님을 사랑한답니다. 그이는 현재 결혼한 몸으로 네 아이의 아버지이기도 합니다. 하지만 그런 일은 상관없습니다. 그이는 이혼 따위는 생각지도 않는 듯하지만 저는 어떤 방법으로든 그이를 빼앗고 말겠습니다."

그녀는 실제로 자기의 욕심을 위해 부장의 가정을 파괴하기로 한 것 같았다.

그래서 나는 그녀에게 설명해 주었다.

"당신은 진심으로 가정이 있는 부장을 필요로 하진 않습니다. 당신의 마음속 깊이 그 누군가와 결혼해서 아이를 낳고, 사랑과 귀여움을 받으며 존경받고 싶은 욕구가 일어나는 것뿐입니다. 당신은 당신에게 적합한 자유로운 처지의 남성이 눈길을 끌 만한 매력을 갖고 있습니다. 당신의 바르고 진실한 소망이 실현되기 위해선 기도가 필요합니다."

때에 따라서는 그가 이혼하게 만들어도 좋고, 당신 쪽으로 돌아설 수도 있습니다. 그렇게 된다면 장차 여러 가지 난관에 부딪히게 될 것입니다. 그리고 죄의식으로 고통을 받을 것입니다. 당신은 이런 원칙을 알고 있을 겁니다. '절대로 이웃의 아내를 얕보지 말라.' '따라서 어떤 경우라도 남에게 바라는 게 있다면 그들에게도 똑같이 하라.' 이것은 행복과 성공을 위한 법칙입니다.

현재 이기심과 욕심으로 눈이 멀어 버린 당신에겐 이것도 이상하게만 들리겠지만.

나는 될수록 부드럽게 설명을 한 다음, 그녀에게 질문했다.

"만일 그 부장이 당신이 바라는 대로 이혼하게 된다면 그 가족들은 당신을 어떤 눈으로 볼까요? 당신은 그들에게 어떻게 보이고 싶은가요?"

이 같은 질문을 그 아름다운 비서는 충격으로 받아들인 것 같았다.

그래서 나는 그녀를 대신해 이렇게 대답했다.

"필시 그의 아내나 아이들에게 정직하고 훌륭한 분으로 보이고 싶을 것입니다. 그렇게 해 보십시오. 그리고 그의 가정을 파괴하면서까지 꼭 그를 소유하고 싶은지 다시 한번 생각해 보십시오."

나의 말이 끝나자, 그녀는 비로소 깨닫게 되었다.

그녀는 흐느껴 울기 시작했다.

이윽고 그녀는 분명히 남의 가정을 파괴하지 않고서도 이상적인 상대를 만날 수 있다고 말하게 되었다.

이제 그녀는 확신하고 기도를 하기에 이르렀다.

'나는 지금 나와 함께 정신적·육체적으로 조화를 이룰 수 있는 훌륭한 남성을 이끌고 있다. 그에게는 나와의 결혼에 정지당할 어떤 관계도 맺어지지 않았다. 그는 신의 의지로 나에게 이끌리고 있다.'

얼마 후, 그녀는 독서회에서 나의 근무처에서 일하게 된 젊은 과학자를 알게 되었다.

그녀는 그 훌륭한 젊은이와 결혼을 했다. 그녀는 마음의 법칙에 따라 마음속으로 바라는 일은 실제로 이루어진다는 것을 체험했다.

진실한 사랑은 단 하나뿐이다

예컨대 어떤 사나이가 자기의 아내를 속인다고 가정해 보자.

만약에 그가 진심으로 아내를 사랑하고 존경한다면 다른 여자를 찾지 않을 것이다.

결혼 속에서 정신적으로 참된 이상을 구한다면, 아내 이외의 다른 여성은 원치 않게 된다.

진실한 사랑이란 단 하나뿐이며, 그 이상의 여러 형태는 허용되지 않는다.

많은 여성의 뒤를 쫓는 사나이는 욕구 불만이나 분노와 같은 개념과 결혼을 한 것이다.

진실로 아내를 사랑한다면, 그 가정은 평화로 충만할 것이다.

만일 남편이 아내를 속이고 다른 여자와 관계를 유지한다면, 그는 욕구 불만에 빠지고 가정은 파괴될 수밖에 없다.

그는 반드시 열등감과 죄의식에 시달릴 것이다.

따라서 그런 사람과 교제하는 여성도 불안을 느끼게 되고, 신경과민으로 혼란 속에 빠지게 된다.

그는 자기 마음속의 동요를 상대방에게서 발견하게 된다. 그의 상대의 여성들도 욕구 불만이 쌓이고, 마찬가지로 불안정한 느낌에 사로잡히고 말 것이다.

'같은 성향끼리 모인다.'

이런 경우 들어맞는 진리이다.

남의 남편을 소유한 여성

"전 가정이 있는 사람에게 4년간이나 몸과 마음을 바쳐 왔어요. 전 그

이를 너무나 사랑하기 때문에 결코 단념할 수 없어요. 전 어쩌면 좋을까요?"

어떤 여성이 나를 찾아와 호소했다.

그녀의 처지로는 남편은 물론, 남자 친구도 얻을 수 없었다.

그녀는 기도에 대해서 모르고 있었다.

그녀는 거짓으로 얻은 만족과 남의 남편을 소유하는 순간을 즐기고 있었다. 따라서 열등감에 사로잡힌 그녀는 항상 동요를 일으키고 있었다.

나는 다음과 같이 전해 주었다.

"당신이 그것을 계속한다면, 언젠가는 반드시 발을 뺄 수 없는 수렁에 빠지고 말 것입니다."

"그리고 당신은 진정제가 필요하게 되고, 수면제를 사용할 지경에 이를 것입니다. 당신이 아직 젊고 활기가 넘칠 때까지는 그도 당신에게 사랑을 줄 것입니다. 그러나 결코 결혼을 입 밖으로 말하지 않을 것입니다. 마침내 당신이 나이가 들어 육체적인 매력을 잃고 싫증을 느낀 그에게 버림을 받게 될 것입니다. 그렇다면 당신은 귀중한 청춘을 헛되이 소모해 버린 게 되고 맙니다."

나는 조목조목 지적을 해서 말했다.

실제로 그녀는 결혼해서 한 남자의 부인으로 불리고, 자기의 가정을 이루어 이웃이나 친척들에게 거리낌이 없는 생활을 보여 주고 싶었다.

그녀에게 시급한 것은 당연히 기도였다.

그녀는 나의 충고대로 그 기혼 남성과의 관계를 청산하고 이상적인 남편을 만나기 위한 기도에 의지하게 되었다.

그 결과, 그녀는 결혼해 행복하게 살게 되었다. 현재 그녀는 자신에게 내재한 힘을 발견하게 되어 감사한 마음으로 생활을 하고 있다.

이혼하는 게 더 이로운 가정도 있다

때때로 나는 다음과 같은 질문을 받는다.

"나는 이혼해야 할까요?"

그러나 이것은 스스로 판단할 문제이며 일반적인 해답이 내려지기 어렵다.

때로는 이혼을 해도 문제가 해결되지 않을 때가 있다.

인간의 근본적인 고독을 못 견디고 결혼을 했지만, 그것이 절대 사라지지 않는 것과 마찬가지이다.

이혼은 사람에 따라 하는 게 나을 수도 있고 그 반대가 될 수도 있다.

이혼한 경우가 거짓된 결혼 생활을 유지하는 여성보다 훨씬 숭고하고 신에게 가까이 다가서는 결과가 될 수 있다.

결혼이 유지되고는 있지만, 진실한 결합이 아닌 경우도 많다.

혼인 신고를 하고 동거한다고 해서 그것만으로 진실한 가정이 성립되지는 않는다.

한 꺼풀 벗기고 보면 그 속에 증오와 혼란이 들끓고 있을 수도 있다.

만일, 아이가 있는 가정에 부부간의 사랑이나 배려를 찾아볼 수 없다면, 그런 메마른 분위기 속에서 아이를 키우는 것보다 차라리 이혼하는 쪽이 나을지도 모른다.

대개, 아이들은 사랑이 없는 부모들로부터 치명적인 상처를 받게 되고 그로 인해 질병과 나태 속에서, 때로는 범죄까지 저지르게 된다.

서로 증오하고 싸움만 일삼는 부모 사이에서 자라느니 이혼을 한 가정이라 해도 안정된 분위기 속에서 사는 편이 어린이에게는 이로울 수도 있다.

부부 사이에 자유·사랑·존경심이 없다면 그 가정은 희극이며 거짓투성이인 가장무도회에 불과한 것이다.

신은 이미 그 속에는 존재하지 않는다. 신은 곧 사랑이며, 마음은 하느님이 사는 방이나 마찬가지이다.

두 개의 마음이 사랑으로 결합하였을 때, 비로소 사랑의 빛으로 눈부신 참된 결혼이 존재하게 된다.

자신감 있게 품위를 유지하라

사람이란 자기 자신의 결점을 발견하면 할수록 자꾸만 비굴해지게 된다.

스스로 자신감을 잃게 되면 그것이 아내에게 전염되고 만다.

그러면 아내는 즉시 반응을 일으킨다.

남편이 자기 자신에 대해 점점 무능하고 어리석게 느끼게 되면 자연히 아내까지도 남편을 예전처럼 대하지 않게 된다.

남편은 자신을 평가하는 대로 아내도 남편을 똑같이 평가하는 것이다.

이것은 아내도 마찬가지이다.

자신 있게 품위를 유지하려고 한다면 그런 모습이 된다.

성공과 평화를 얻을 수 있는 자신이 있다면, 그것이 가족들에게로 전달되는 것이다. 남편은 가족 모두에게 영향을 미치는 강한 힘을 갖고 있다.

당신이 자신감을 갖게 되면 가정은 조화와 평화로 가득 차게 된다.

남편이 지닌 확고한 신념으로 굳건하게 결속된 가정을 만들 수 있다.

훌륭한 남편과 아내는 상대방의 장점을 존중한다

결혼한 남편과 아내는 서로 성격이나 습관 등 상대방의 장점을 존중해야
한다.

장점이 발견되면 칭찬을 아끼지 말아야 하며, 절대로 결점을 찾아내려고
애쓰지 말아야 한다.

상대방의 장점을 수용한 다음 거기에 집중하도록 하라.

그러는 동안 당신의 결혼은 더 큰 축복을 받게 되고, 나이를 먹어감에
따라 더욱더 빛을 발하게 될 것이다.

결혼에 관한 법칙

'그러므로 하느님이 짝지어 주신 것을 사람이 나누지 못할지니라.'

〈마태복음〉 제19장 6절

참된 결혼이란 진실한 마음이 결합한 것임을 성경 속의 문구에서도 명백
하게 밝히고 있다.

만일 두 마음이 사랑과 진실로써 결합한다면, 하느님은 그들의 편이다.

그것은 조화와 이해를 바탕으로 이루어진 천상의 결혼인 것이다.

당신의 마음은 사람에 의해 움직이며, 신이 곧 사랑임을 느낄 수 있다.

모든 형태의 결혼 속에 신이 존재할 수는 없다.

가장 현실적이며 이해관계에 의해 결합할 수도 있기 때문이다.

만일 누군가와 부와 명예, 자신의 이기심을 만족하게 하려고 한 여성과 결혼했다면, 그것은 위선적인 결합이다.

그 속에는 그야말로 거짓된 생활이 있을 뿐이다.

혹은 어떤 여성이 안정과 부, 허영심 때문에 한 결혼은 하느님의 것이 아니다.

그 속에는 신, 즉 진실이 없었기 때문이다.

이 같은 결혼은 모두 진실한 결혼이 아니다.

그것들은 사랑을 바탕으로 맺어진 게 아니기 때문이다.

사랑에 의해서 존경·성실·청렴이 나올 수 있다.

만일 마음과 육체가 일치된 진실한 결혼이라면 이혼이란 게 생기지 않는다. 그것은 정신적인 결합이기 때문에 이별이란 생각할 수조차 없다.

두 마음의 결합으로, 그 마음은 사랑 속에서 하나로 일치된다.

진정한 결혼을 위한 기도

우리는 지금 신에게로 모여 있다.

여기에는 유일한 신, 유일한 생명, 유일한 법칙, 유일한 마음만이 존재한다.

우리의 결합은 사랑과 평화·조화 속에서 이루어졌다.

나는 아내혹은 남편에게 행복·평화·기쁨을 가져다주겠다고 서약한다.

우리는 상대방의 입장이 되어서 우리에게 있는 신의 마음으로 대화한다.

우리의 대화는 서로에게 마치 꿈결처럼 들리고 온몸에 환희가 솟아나게 한다. 우리는 상대방의 장점을 발견하고 칭찬을 아끼지 않는다.

우리 사이에서 신의 사랑이 흘러나와 가정에 가득하고 그 빛이 주위로 퍼져나간다. 신은 우리를 통하여 신의 이야기가 가족들에게 전달되며, 우리는 집안의 사람들에게 이야기해 주며, 육체적·정신적인 안정을 확실히 느낀다.

신의 올바른 움직임은 우리의 근육과 세포 구석구석에 스며들고 평화와 조화, 건강을 지켜준다.

신의 인도로 가족들의 행동이 통제되고 기쁨과 평화를 향해간다.

지금 우리가 나누는 이야기가 바로 우리의 소망과 기쁨을 증대시킨다.

현재 우리는 기쁨에 싸여 우리의 진실한 기도가 이루어질 것을 확신하고 신에게 고마움을 표시한다.

행복한 결혼을 향한 단계

① 이 세상에서 가장 성스러운 결합이 결혼이다. 결혼 생활은 경건과 성스럽게 시작되어야 한다.

② 항상 남편에게 버림받을 것 같은 두려움 속에 있다면, 그것이 남편의 잠재의식에까지 전달되어 불화가 끊이지 않게 된다.

③ 중요한 것은 현재이며, 과거는 이미 죽은 것이다.

과거를 되돌아보지 않고 현재와 장래를 중요시해야 한다. 그러면 당신의 인생은 열리게 된다. 마음속에 들어선 나태와 불만에 의해 번민이 생겨나는 것이다.

④ 정신적·감정적인 면에서 신체를 보호해야 한다. 그러면 어리석은 공포는 사라지고 만다.

⑤ 잠재의식 속에 있는 무한한 지혜를 믿고 고독과 절망에 맞서 도전하라.

⑥ 잠재의식 속에 있는 친화력을 믿고 자기 자신과 남을 용서하도록 한다. 그러면 기도로 훌륭한 동반자를 얻게 될 것이다.

⑦ 기도에 의해 구하는 바가 얻어진다고 확신하고 간절히 기도하면 이상적인 아내·남편가 당신 곁으로 찾아들 것이다.

⑧ 남의 아내나 남편을 빼앗지 말라.

마음속으로 당신이 진실로 구하는 바를 선언한다. 반드시 그것이 인생속에 구현된다고 확신하라. 그러면 기필코 훌륭한 반려자를 만나게 될 것이다.

⑨ 사랑은 오직 하나밖에 없다. 진실로 당신이 아내·남편를 사랑한다면 또 다른 아내·남편를 구하려 들지 않을 것이다.

⑩ 독신 여성이라면, 자기와 결혼할 마음이 없는 남자를 바라지 않을 것이다. 분명히 남편·사랑·가정·존경을 바랄 것이다.

예컨대 다소 사랑의 감정이 있더라도 가정이 있는 남성과의 관계를 끊고 혼란된 상태를 끊고 진실로 바라는 것을 받아들여야 한다. 이상적인 상태로 된다

⑪ 부부 대부분은 한집에 기거하면서도 사랑·평화·친절·선의·이해와는 거리가 먼 감정을 지니고 있다.

이 같은 결혼은 일종의 희극이며, 가면무도회와 같은 것이다. 거짓이 바탕이 된 위선으로 가득 찬 결혼은 하루빨리 해체하여 돌아서는 게 오히려 낫다.

⑫ 자기 자신에 대한 결점이나 열등감을 느끼는 남편은 비굴해지며, 그 감정이 아내에게도 전달된다.

180

⑬ 상대방의 장점이나 뛰어난 점을 칭찬하는 데 인색하지 마라. 그러면 당신의 결혼은 더 많은 축복을 받고, 나이를 먹어감에 따라 더욱더 아름답게 빛날 것이다.

⑭ '신이 결합한 것을 사람의 힘으로 갈라놓아선 안 된다.'
   두 마음을 사랑으로 결합하면 이혼이 생길 수 없다.
   사랑이란 사람의 인생 속에서 영원히 결합하는 것이므로.

10
잠재의식 속의
치유 능력만이 병을 고친다
These truths can change your life

상처나 질병을 치유하는 힘은 단 하나밖에 없다.
그 힘은 다양한 이름으로 불리고 있다.

예를 들며 하느님, 자연, 하늘의 은총, 하느님의 섭리, 생명력, 생명의 법칙
같은 것이다.

질병이나 상처를 치유하는 힘에 대한 인류의 지식이나 근원은 모든 게
불확실한 옛날로 거슬러 올라가게 된다.

고대 사원寺院의 벽에는 다음과 같은 글이 새겨져 있다.

'의사는 상처를 싸매 주고, 하느님은 환자를 회복시켜 주노라.'

이처럼 모든 병을 고쳐 주는 하느님 같은 존재는 당신 자신 속에도 있다.

심리학자·병원 원장·의사·승려 등 그 누구도 온전치 못한 사람을 완쾌

시킬 수는 없다.

예를 들면, 외과 의사는 수술해서 병의 뿌리를 제거한다.

그러나 완쾌시켜 주고, 활력이 넘치는 몸으로 만드는 것은 바로 병을 고치는 하느님의 힘이다.

정신분석 학자들은 환자에게 특이한 정신적인 장애를 발견하여 없애려고 한다. 환자를 새로운 정신 상태로 인도하며, 조화·건강·평화로운 상태가 되도록 유도한다.

목사는 잠재의식 속에 사랑과 평화, 그리고 선의의 힘을 불어넣어, 거기에 들어 있는 부정적인 사고방식을 완전히 떨쳐 버리고 자타自他를 인정하며, 무한한 것과 협조하도록 가르쳐서 신자들 스스로 깨닫게 한다.

살아 있는 사람의 병을 고치는 일은 그리스도가 아버지라고 부른 생명력, 삶에 대한 의지를 가진 것과 같으므로 효과가 빠르다.

이것이 정신적·감정적·육체적인 병을 고칠 수 있는 단 하나의 길이다.

과학적으로 말하면, 당신의 잠재의식 속에 있는 놀라운 치유 능력만이 몸과 마음의 상처와 장애를 고칠 수 있다.

어떤 교회에 속해 있거나, 불교나 이슬람을 믿는다 해도, 또 종교에 관심 없는 사람까지도, 그 힘은 놀라운 효과를 보여 준다.

지금 이 책을 읽고 있는 당신 자신의 체험을 상기해 보라

당신은 갓난아이 때부터 지금까지 정도의 차이는 있겠지만 수없이 많이 정신적·육체적인 상처를 고쳐 오지 않았는가.

즉, 절상切傷·화상·동상·좌섬挫閃 등에 걸렸을 때, 물론 의사의 치료를 받았겠지만, 틀림없이 저절로 치유된 적도 있을 것이다.

이처럼 저절로 치유된 것은 당신의 마음속에 있는 하느님, 즉 생명력에

의한 것이다.

극심한 환각 증상에서 벗어난 학생

몇 년 전, 지방대학에 다니고 있는 한 학생이 나를 찾아와, 어떤 정령精靈의 소리 때문에 항상 괴롭다고 호소했다.

그 정령의 소리는 항상 그의 머릿속에 나쁜 생각을 불러일으키며, 그를 홀로 내버려 두지 않았다.

정신분석에 대한 서적이나 성경을 읽으려고 해도, 그 정령의 소리가 방해한다는 것이었다. 그는 초자연적인 어떤 존재가 늘 자기에게 이야기를 하는 것으로 확신하고 있었다.

청년은 이상 청각을 갖고 있었다.

사람에게는 누구나 이와 같은 증상이 조금씩 있는지도 모른다. 그런데 그는 자기만이 그 소리 때문에 고통을 받는다고 생각하고, 뭔가 실재하는 악령이 자기만을 괴롭히는 줄로 생각했다.

그는 미신을 믿는 편이어서, 자기의 고통은 기필코 악령 탓이라고 생각하게 되었다.

어쨌든, 그 소리는 아침부터 밤까지, 때로는 꿈속에서까지 들려왔다.

마침내 그는 일종의 편집광이 되고 말았다.

그의 잠재의식은 대단히 강력한 그 소리에 압박을 받았다. 그나마 그에게 남아 있었던 이성까지도 그 소리에 정복될 지경에 이르렀다.

앞에서도 말했다시피 이런 증상은 누구에게나 조금씩 있지만, 그의 경우는 아주 심했으며, 소위 정신의 균형까지도 잃은 상태였다.

나는 그에게, 잠재의식의 중요성에 대해 말해 주었다.

"소극적이고 부정적으로만 작용하는 당신의 잠재의식을 적극적이고 건설적인 방향으로 유도하지 않으면 안 됩니다. 잠재의식은 굉장한 능력을 갖추고 있지만, 어떻게 이용하느냐에 따라 좋은 방향으로 나갈 수도 있고, 혹은 나쁜 방향으로 뻗어 나갈 수도 있는, 말하자면 방법에 따라 독이 되기도 하고 약이 되기도 하는 겁니다."

나는 그가 이해하기 쉽도록 천천히 설명해 주었다.

내 이야기를 듣고 난 그는 깊은 감명을 받은 듯했다.

나는 그에게 하루에 서너 번씩 10~15분 동안 되풀이하여 기도하도록 다음과 같은 문구를 써 주었다.

'하느님의 사랑·평화·조화·예지가 나의 이성과 감정 속에 가득 차 넘치고 있습니다. 하느님은 사랑이며, 그 사랑이 나를 휩싸고 있음을 느끼며, 또한 그것을 인식하고 있습니다. 하느님의 은총이 나의 마음속에 충만하고, 내가 자유롭게 되었음을 깊이 감사드립니다.'

그 후 그는 틈날 때마다 이러한 기원을 천천히, 그리고 조용히 마음속으로 되풀이하기 시작했다.

특히 잠들기 직전에 서너 번씩 정성을 다해 이 기구를 되풀이하곤 했다.

이처럼 그는 자신의 마음을 통일시킴으로써 조화와 평화로움에 다가갔을 뿐만 아니라, 자기 사고방식의 틀도 지금까지와는 전혀 다르게 변해서 환각은 차츰 멀리 사라져 갔다.

그는 드디어 회복 단계에 이르게 되었다.

그의 신념과 기대가 뒷받침해 주는 이 진리에 의해 점점 마음의 병이 치유된 것이다.

또한, 나 역시 그를 위해 밤낮을 가리지 않고 기도했다.

'하느님의 생각은 언제나 올바릅니다. 하느님의 지혜와 섭리가 그의 마음속에 충만하게 되었습니다. 그의 마음은 영원한 하느님의 마음과 이어지고 있습니다. 그는 이제야 하느님의 소리를, 마음 깊은 곳으로부터 솟아오르는 평화와 사랑의 소리를 듣고 있습니다. 하느님의 은총이 그의 마음을 휩싸고, 그의 마음은 지혜와 균형과 이해로 넘치게 되었습니다. 그를 괴롭히던 모든 것은 이제 멀리 사라져 가고 있습니다. 그리고 이 순간 나는 그가 진실로 해방되고 자유롭게 되었음을 선언합니다.'

나는 이 진리를 밤낮 가리지 않고 명상하고, 나 스스로 그가 완쾌되리라는 확신이 설 때까지 반복했다.

1주일 후, 그는 환각으로부터 완전히 해방되어 마음의 평화를 회복할 수 있었다.

내 아들이 죽을 것만 같아요

어느 날, 한 젊은 부인이 나를 찾아와서 이렇게 말했다.

"내 아들이 계속 열이 나서 죽을 것만 같아요."

그녀는 의사가 아스피린 주사를 놓아주었다고 했다.

그때 마침 그녀는 남편과 이혼하려는 참이었는데, 이와 같은 일이 생겼다. 그녀의 불안정한 감정이 고스란히 아들의 잠재의식에 옮겨져 고열의 원인으로 작용했다.

어린이는 부모의 사랑을 받고 순조롭게 커 가는 반면, 주위 사람들의 정신 상태나 감정의 변화에 굉장히 민감하다.

어린이의 경우, 스스로 생각하거나 느끼기에는 너무도 성숙하지 못하다. 그러므로 자기의 생각이나 감정, 그리고 행위의 조정이 가능한 것은 아이가 어느 정도 자란 후의 일이다.

그녀는 내 지시에 따라 성경의 〈시편〉 제23편을 읽으면서 마음을 안정시키고 흥분을 차분히 가라앉히기도 했다.

그런 다음에 하느님의 훌륭한 인도를 기원했다.

그리고 이혼하려 했던 남편의 마음에 평화와 조화가 깃들이기를 기원했다.

그녀는 남편에게 사랑과 선의를 느끼려고 무척 노력했으며, 남편에 대한 분노를 극복하기 위해 애를 썼다.

어린아이의 병은, 어머니의 마음속에 내재한 혼란과 분노가 고스란히 어린이의 잠재의식에 옮겨져 어린이의 정신이 흥분한 게 원인으로 작용하여 생긴 것이다.

마음이 안정되자 그녀는 다음과 같이 기원했다.

'이 아이는 하느님의 아이이며, 하느님의 생명입니다. 하느님은 결코 어떠한 병에도 걸리지 않고, 고열에 시달리는 일도 없습니다. 하느님의 평화로움이 이 아이의 몸과 마음속으로 흘러 들어갑니다. 지금 이 아이의 모든 세포 속에는 하느님의 사랑과 조화와 건강이 충만하여 있습니다. 이 아이는 지금 지극히 편안하고 침착합니다. 이제 긴장이 풀려 병과는 거리가 멉니다. 나는 지금 이 아이를 통해 하느님의 선물을 느끼고 있습니다. 그리고 모든 것이 잘되어 가고 있습니다.'

그녀는 한 시간 간격으로 열심히 이 기구를 되풀이했다.

곧 그 효과가 나타나기 시작했다.

지금까지 열에 들떠 괴로워하던 아이가 눈을 뜨면서 이렇게 말하는 것이 아닌가!

"내 인형은 어디 있지? 나 배고파……."

그래서 이마에 손을 짚어 보니 전혀 열이 없었다.

도대체 어찌 된 일일까?

어린아이의 열은 어머니의 불안정한 감정이 평화를 되찾는 순간 깨끗이 사라졌다.

그녀의 마음이 평화로움으로 충만하고, 사랑이 넘쳐흐르게 되자 그 기분은 곧바로 어린이에게 전달되어 병이 치유된 것이다.

회복력은 세상의 온갖 것들에도 존재한다

우리의 마음속에는 모든 것을 조정하는 하느님이라는 존재가 있다.

그 하느님과 접촉함으로써 병을 고칠 수 있다. 그러니까 우리는 태어날 때부터 상처를 아물게 하고 질병으로부터 회복되는 힘을 가진 것이다.

이러한 회복력은 우리 인간뿐만 아니라, 개나 고양이, 그리고 나무나 새에게도 있다.

이처럼 회복력은 세상의 온갖 생물이나 사물들에도 존재한다.

신념의 단계

신념에도 여러 단계가 있다.

어떤 사람은 신념으로 궤양을 고치고, 또 어떤 사람은 뿌리 깊은 악성 궤양을 고치기도 한다.

하느님이 극심한 폐결핵을 고치는 일은, 당신이 약간 다친 손가락 끝을 치유하기보다 쉽다.

이처럼 모든 인간의 마음속에는 전능하신 하느님이 존재하고 있다.

환자를 치유하려는 기원은 환자의 잠재의식에 협력을 호소하는 것으로, 전부 이루어진다. 환자가 눈을 감고 있든지 뜨고 있든지, 그의 신념에 따라 치유 여부가 결정되는 것이다.

중풍을 완전히 치유한 비결

뉴욕에 사는 내 친구가 몇 년 동안 중풍으로 고생하고 있었다.

갑자기 다리가 굳어져서 움직일 수 없을 때가 있는가 하면, 발작이 지속해서 일어나게 되면 아무리 사람이 많다 해도 마치 얼어붙은 사람처럼 한

복판에 그대로 서 있을 수밖에 없었다.

그는 항상 병원에서 약을 처방해 준 진정제나 응급용 약을 상비하고 있었으므로 다소나마 안심할 수는 있었지만, 언제 또다시 그런 증상이 일어날지 모른다는 공포와 걱정으로 몸은 자꾸만 쇠약해져 갔다.

나는 그에게, '인간에게는 병을 고칠 수 있는 대단한 힘이 있다. 그 힘이 자네의 육체를 만들고, 육체의 상처나 병을 치유할 수 있음을 분명히 깨달아야 한다'고 설명했다.

그리고 〈누가복음〉 제5장 18~24절, 〈마가복음〉 제2장 3~5절을 읽어 보도록 권했다.

"한 중풍환자를 사람들이 침상에 메고 와서 예수 앞에 들여놓고자 하였으나 무리 때문에 메고 들어갈 길을 얻지 못한지라, 지붕에 올라가 기와를 벗기고 병자를 침상째 무리 가운데로 예수 앞에 달아 내리니 예수께서 저희 믿음을 보시고 이르시되, 이 사람아, 네 죄 사함을 받았느니라 하시니, 서기관과 바리새인들이 의논하여 가로되, 이 참담한 말을 하는 자가 누구뇨? 오직 하느님 외에 누가 능히 죄를 사하겠느냐. 예수께서 그 의논을 아시고 대답하여 가라사대, 너희 마음에 무슨 의논을 하느냐? 네 죄 사함을 받았느니라 하는 말과 일어나 걸어가라 하는 말이 어느 것이 쉽겠느냐? 그러나 인자가 땅에서 죄를 사하는 권세가 있는 줄을 너희로 알게 하리라 하시고 중풍병자에게 말씀하시되, 내가 네게 이르노니 '일어나 네 침상을 가지고 집으로 가라' 하시매……."

〈누가복음〉 제5장 18~24절

"사람들이 한 중풍병자를 네 사람에게 메워 가지고 예수께로 올쌔, 무리를 인하여 예수께 데려갈 수 없으므로 그 계신 곳의 지붕을 뜯어 구멍을 내고 중풍병자의 누운 상을 달아 내리니, 예수께서 저희의 믿음을 보시고 중풍병자에게 이르시되, 소자야, 네 죄 사함을 받았느니라 하시니……."

<마가복음> 제2장 3~5절

여기서 예수님은 중풍환자에게, '죄 사함을 받았으니 일어나 네 침상을 가지고 집으로 가라'고 했다.

그는 마치 굶주린 자가 음식을 먹듯이, 이 문구를 열심히 외우기 시작했다. 그리고 마음속 깊이 새겼다.

나는 그에게, 성경에 쓰인 '침상'은 각자의 마음속에 간직하고 있는 '침상'이라고 설명해 주었다.

성경 속에도 중풍병자들은 반드시 공포심과 함께 죄의식에 사로잡혀 있는 것으로 나와 있다.

예수 그리스도는 그 죄를 용서함으로써 중풍병자를 치유했다.

죄란, 건강·행복·평화라는 올바른 경로에서 이탈한 상태를 말한다.

당신이 자신의 죄를 용서하려면, 우선 당신의 이상이 정신적으로나 감정적으로 실현될 수 있다는 확신해야 한다.

당신이 하고 싶은 일이나 되고 싶은 것을 마음속에 정해 놓고 반드시 이루어진다는 확신을 잠재의식 속에 불어넣는 것이다.

역으로 말한다면, 당신이 그 모든 것을 부정적으로 사고하고 혐오·질투·분노·고뇌 속에 마음을 둔다면, 그 순간 당신은 죄를 범하게 되는 것이다.

어쨌든 자신이 상상하는 세계로 달려간다면 괜찮지만, 그로부터 이탈하거나 되돌아섰을 경우, 당신은 항상 죄를 범할 위험에 직면하게 된다. 여기서 법률을 위반하는 것이 아니라, 하고 싶은 일을 제대로 하지 못하고 게으름을 피우는 것을 말한다.

중풍에 걸린 나의 친구는 나의 이러한 이야기를 듣고 나서, 지금껏 동생을 몹시 증오하고 있었음을 고백했다.

동생은 몇 년 전, 그에게 여러 번 금전상으로 손해를 끼쳐 왔을뿐더러, 그의 생활을 더더욱 곤란케 하는 부채까지 남기고 행방불명되어 버렸다.

그는 그동안 자기 동생을 성경에 나오는 중풍환자처럼 완전히 죄인이라고 인식해 왔다.

그가 자기 동생을 용서하여 죄와 멀리하지 않는 한, 그의 병은 절대 나아지지 않을 것이다.

그의 경우는 신체적인 질병으로 문제가 나타났지만, 그보다는 오히려 정신적인 면, 그리고 부정적이고 혐오와 공포와 나태로 가득 찬 마음이 더욱 문제라는 사실을 깨달았다.

그는 자신의 마음속에 병을 고쳐 주는 하느님이 내재하고 있음을 확신하고 용기 있게 다음과 같이 말했다.

나는 부정적이고 파괴적인 기분을 마음속에서 완전히 몰아냄으로써 내 죄를 용서받고자 합니다. 지금부터 우선 나는 내 정신을 깨끗이 씻도록 하겠습니다. 지금 그 동생이 어디에 있든 간에 그가 나처럼 하느님에게로 돌아가고, 건강과 행복이 충만하도록 나의 모든 것을 전능하신 하느님의 치유력에 맡기겠습니다. 나는 지금 하느님의 사랑이 넘쳐흘러 나의 세포 구석구석에 스며드는 것을 느낄 수 있습니다. 하느님의 사랑은 나의 몸 구석구석에 가득 차, 나를 완전하게 만들어 주고 있습니다. 안일한 빛이 나를 감싸 안고 기쁨이 나를 둘러싸고 있습니다. 이제야 비로소 나의 육체는 살아 있는 하느님의 교회가 되고, 하느님은 그 성스러운 곳에 실재하고 있습니다. 아, 이제 나는 모든 것으로부터 해방되어 자유로운 몸이 되었습니다.'

이처럼 여러 번 되풀이하여 생각하는 동안, 그에게 건강과 조화가 다시 찾아왔다.

그는 마음가짐을 새롭게 가짐으로써 육체를 바꾸었다.

마음가짐이 바뀌면 모든 것을 바꿀 수 있다.

지금 그는 즐거운 모습으로 어떤 부자유도 느끼지 않고 걸을 수 있다. 그는 완전히 치유된 것이다.

손이 오그라든 청년

어떤 청년이 화가 잔뜩 난 채 나를 찾아와서 하는 말이, 회사 대표가 자기를 쫓아냈다고 말했다.

그때 대표는 그에게 이렇게 말했다고 한다.

"넌 마치 성경에 나오는 손이 오그라든 사람 같군!"

그는 또 나에게 이렇게 말했다.

"대표님이 내게 왜 그런 말을 했는지 모르겠어요. 내 손은 다른 사람과 똑같은데 말입니다. 이것 좀 보세요. 이렇게 잘 움직일 수 있잖아요."

그래서 나는 그에게 다음과 같이 설명해 주었다.

"성경에 나오는 것을 올바르게 이해하려면, 일반적인 법칙을 설명하면서 의인법을 쓰고 있음을 알아야 합니다. 손이 오그라든 사람이라고 이야기했다 해서 말 그대로 손이 오그라든 것으로 생각하면 잘못이지요. 여기서 말하는 손이란 힘·방향·효과라는 것을 상징적으로 표현하고 있습니다.

당신은 자신의 손으로 물건을 쥐고 그것을 움직여서 형태를 만듭니다. 따라서 손이 오그라든 사람이란 열등감을 가진 사람을 의미합니다. 언제나 불안한 마음으로 죄인처럼 행동하고, 또는 패배론자로서 자신감을 잃은 사람을 말합니다. 이런 사람들은 능률이 오를 수 없으며, 주어진 능력을 충분히 발휘하지도 못하게 됩니다."

나의 말을 들은 청년은 꿈·희망·이상, 또는 모든 계획이 위축되고, 마음 한구석이 얼어붙은 것을 깨달았다.

그는 자기의 소망을 어떤 방법으로 이루어 낼 것인가를 모르고 있었다.

정신을 조정하는 법칙은 물론, 올바르게 기도할 줄도 몰랐다. 그가 가진 대단한 아이디어는 마음 한구석에 죽은 듯이 쪼그라들었고, 절망과 신경쇠약이 그의 마음에 가득 차 있었다.

그는 일의 진전을 보지 못했고 그저 술로 하루하루를 보냈다. 자기 일을 과소평가하고 점점 자신감을 상실해 가고 있었다. 삶에 대한 의지는 조금도 남아 있지 않았다.

물론, 일이 손에 제대로 잡힐 리도 없고 자기 마음대로 처리하곤 했다.

그의 손—무엇인가를 이루려는 그의 능력은 그가 스스로 이렇게 중얼거리는 동안 움츠리고 말았다.

'나에게 조 정도의 금전과 능력이 있었다면…… 조처럼 훌륭한 친척이 있었다면…… 그러면 나 역시 훌륭한 사람이 될 텐데. 하지만 난 틀렸어. 난 도저히 희망이 없는 불쌍한 인간이지. 필시 난 아가의 별을 보고 태어난 게 분명해. 나는 내가 주어진 운명에 따를 수밖에 없어. 내 손은 오그라든 손이야.'

그러던 그는 자기의 소망을 깨닫고, 스스로 참된 힘을 확신하게 되었다. 자신의 손을 미래를 향해 뻗자 대단한 변화를 일으켰다.

그는 자기가 바라는 일을 생생하게 마음속에 떠올렸다. 그리고 탄탄한 회사를 만들어 성공할 것이라는 확신했다.

그는 다음과 같이 되풀이해 뇌었다.

'나에게는 항상 하느님이 따라다닙니다. 하느님이 나를 강하게 만들고 나아갈 길을 제시해 주며 올바로 정립해 주십니다. 그러므로 내가 바라는 일은 무엇이든지 하느님의 힘으로써 이룰 수 있습니다. 나는 현재 내 마음속에 내재하고 있는 하느님의 무한한 힘의 작용으로 행동하고, 하느님의 지혜로서 사고합니다. 하느님은 내 가슴을 아이디어로 가득 차게 하고 모든 잘못된 것을 바로잡아 줍니다. 나는 하느님의 인도를 받아 틀림없이 성공할 것입니다.'

그렇게 해서 새롭게 태어난 그에게 좋은 결과가 나타났다. 그는 승진을 거듭한 끝에 대기업의 총지배인에게까지 올랐으며 7만 5천 달러의 연봉을 받게 되었다.

단순하고 맹목적인 신앙은 기적을 일으킨다

예수 그리스도는 죽은 사람에게 명령했다.

"……청년아, 내가 네게 말하노니 일어나라 하시매 죽었던 자가 일어나 앉고 말도 하거늘……"

<누가복음> 제7장 14~15절

'죽었던 자가 일어나 앉고 말도 하였다'는 것은 당신의 기원이 받아들여져서 기쁨이 넘치는 새로운 말로 이야기가 시작되고, 마음속에 새로운 빛이 감돌게 되었음을 의미한다.

즉, 당신이 마음속으로 지금까지 글렀다고 내버려 두었던 것을 다시 한번 시도하려고 마음먹었을 때, 벌써 사라져 버렸다고 생각했던 희망이나 원망怨望이 새롭게 돋아난다는 말을 입 밖으로 꺼내는 것이다.

예를 들어 보겠다.

몇 년 전, 나는 아일랜드에 사는 먼 친척이 되는 청년을 방문한 적이 있다.

심장이 극도로 쇠약해진 그는 사흘 동안이나 혼수상태에 빠져 있었다. 내가 그의 형제들과 함께 그의 베개 옆에 서서 지켜보고 있을 때는 이미 위독한 상황이었다.

그가 독실한 가톨릭 신자임을 알고 있었던 나는 이렇게 말했다.

"지금 그리스도는 이곳에 있습니다. 그리고 당신은 주님을 마주 보고 있습니다. 그분께서 손길을 뻗어 당신의 가슴 위에 얹어 놓으셨습니다."

나는 똑같은 말을 여러 차례 천천히 부드러운 목소리로 온 힘을 다해 되뇌었다. 그는 혼수상태였으므로 곁에 누가 무슨 말을 하는지 전혀 몰랐다.

그런데 침대에서 일어난 그는 눈을 뜨고 말문을 열었다.

"주님은 지금 여기에 계십니다. 나는 지금 병이 치유되고 있어요. 나는 다시 살아날 수 있습니다."

대체 무슨 일이 일어난 것일까?

그의 잠재의식은 주님이 이곳에 계신다는 나의 말을 듣고 있었다.

그리고 주님을 그의 눈에 보이게 한 것은 바로 그의 잠재의식이었다.

아마 주님의 모습은 교회에 조각상으로 형상된 성화로 그에게 보였을 것이다.

그러나 그는 그리스도가 실제로 나타났음을 확신하여 주님의 감촉을 느낄 수 있었다.

내가 이전에 전술한 《The Power of Your Subconscious Mind》이 전집에 들어 있는 《잠자면서 성공한다》를 읽은 사람은 기억이 날 것이다.

최면 상태에 있던 사람이 할아버지의 모습이 눈앞에 있는 것처럼 생생하게 보인다고 말한 사례가 있다.

어쨌든 그 사람에게는 할아버지로 믿을 수밖에 없는 실체가 보였다. 그의 잠재의식은 기억에 속에 있는 할아버지의 모습 그대로 투영해 보이게 한 것이다.

'당신이 눈을 뜨면, 당신은 할아버지에게 인사를 드린 다음 말씀을 드려야 한다.'

최면술사가 말하는 대로 그는 똑같이 따라 했다.

이것은 주관적 환상으로 불리는 것이다.

나의 먼 친척이 되는 이 청년은 독실한 가톨릭 신자로서 꼭 그리스도가 병을 고치기 위해 온다는 확신을 하고 있었다.

그러므로 내 말을 계기로 다시 불붙은 그의 신앙이 바로 병을 고치는 원동력이 되었다.

우리의 신앙이나 정신적인 확신, 또는 단순하고 맹목적인 신앙은 언제나 기적을 일으킨다. 그의 잠재의식은 나의 권유에 이끌려 왔으며, 내가 심어 둔 아이디어가 마음속에 받아들여져서 그대로 적용되었다.

이 이야기는 또한 죽은 사람이 부활한 실례로 해석할 수 있다. 그의 경우는 건강과 생명력의 부활이었다. 이것은 오로지 그가 마음속에 가지고 있는 신앙확신 때문에 실제로 일어날 수 있었다.

때로는 잘못된 신념도 질병을 치유한다

참된 신념은 의식하고 있는 지식과 잠재의식 속의 지식이 과학적으로 잘 결합하고 고르게 작용해야만 생긴다.

그러나 잘못된 신념도 질병을 치유할 때가 있다.

하지만 그것은 어떤 종류의 힘 때문에 일어나는 것이지 과학적인 융합에서 비롯된 것이 아니다.

이를테면, 아프리카의 밀림에서도 그 지대의 의사나 주술사 등이 그의 신념으로 사람의 병을 고치는 경우가 있다.

그들은 영혼이 깃들었다고 믿는 개의 뼈다귀를 이용한다든지, 여러 가지 그 지역만의 특수한 신앙의 표적으로 삼는 물건을 이용하여 환자의 공포심을 쫓아내는 확신을 심어 준다.

의학·수술·주문·성인이나 성령에 대한 기도와 구체적인 사용에 대해서는 모르지만, 아무튼 병을 고치는 것은 잠재의식이다.

당신이 믿는 것은 무엇이든지 곧바로 당신의 잠재의식 속에서 움직이기 시작한다.

주일 학교에 나가는 어린아이가 되어 보라.

악성 눈병에 걸린 어린아이가 아무리 안약을 써도 소용이 없자 이렇게 기도했다.

'하느님, 당신께서는 제 눈을 만드셨습니다. 어떻게 해서든지 제 눈을 낫게 해 주십시오. 제발 부탁합니다.'

그 어린아이는 놀라운 회복력과 대단한 치유력을 소유하고 있었다.

단순하고 자연스러운 어린아이는 그 즉시 하느님과 통할 수 있기 때문이다.

당신도 한번 이 어린아이와 같이 이행해 볼 것을 권한다.

정신적인 처방

정신적인 처방이란 마음속에 존재하는 하느님에게 하느님의 평화·조화·완전성·아름다움, 끊임없는 사랑, 무한한 힘 등을 상기시킴을 의미한다. 즉, 하느님이 당신을 사랑하고 당신의 처한 상황을 잘 보살펴 주고 있음을 깨닫는 것이다.

이처럼 기도하는 동안 두려움이나 공포는 차츰 사라져 버린다.

심장병에 대해 기도한다면, 심장은 생리적인 내장에 불과하며, 정신과는 아무런 상관이 없는 것으로 생각해선 곤란하다.

사고思考도 일종의 물질인 셈이다.

정신적인 사고가 세포·근육·신경·내장의 상태와 움직임을 좌우하게 된다.

심장마비나 고혈압을 두려워한다면 오히려 그 병을 더욱 악화시키게 된다.

나쁜 증세나 제대로 작용하지 않는 기관 등, 안 좋은 부분 같은 건 생각하지 말아야 한다.

하느님과 사랑하는 사람에게 당신의 기분이 향하게 하는 것이다.

당신의 마음속에는 무엇이든지 치유할 수 있는 강한 힘이 있음을, 또 마땅히 '신의 힘에 도전할 수 있는 더 큰 힘은 없다.' 는 것을 느끼고 이해하도록 하라.

조용히 음미하며 모든 것을 치유하는 힘은 자꾸만 커지고 강해진다는 사실을 긍정하도록 하라.

신의 조화·아름다움·생명 등이 당신의 마음속에 가득 차고, 힘과 평화·생명력·완전성·올바른 행동 등이 나타날 것을 믿고 느끼라.

이것을 확실히 믿어야 한다. 그러면 상처가 난 심장을 비롯해 치유해야 할 모든 기관까지 하느님의 사랑의 빛에 의해 회복될 것이다.

"너희 몸으로 하느님께 영광을 돌리라."

〈고린도전서〉 제6장 20절

치유의 법칙은 당신 속에 잠들어 있다

'재기 불능'이란 말에 대하여 겁내서는 안 된다.

당신의 육체를 만든 것은 창조의 하느님이다.

어떤 사람이 당신에게, 당신의 병은 회복될 수 없다든지, 재기 불능이라고 해도 놀라지 말라.

당신 안에는 창조의 하느님이 내재하며, 당신의 생명력이 근본인 놀라운 치유력은 언제나 당신의 마음속에서 우러나온다.

그러면 이 힘을 십분 활용하여 실제 생활 속에서 기적이 일어나게 해 보라.

기적이란 도저히 일어날 수 없는 일을 되게 하는 게 아니라, 할 수 있음을 확인하는 것임을 염두에 두라.

"사람으로는 할 수 없으나 하나님으로서는 다 하실 수 있느니라."

〈마태복음〉 제19장 26절

성경의 '주主'가 뜻하는 것은 당신의 마음속에 내재한 창조적인 법칙을 뜻한다.

질병이나 상처를 치유하는 법칙은 전 우주에 널려 있으며, 당신의 정신 속에 있는 모양·상상·선택·목적에 의해 흘러넘친다.

그 힘은 당신의 깊숙한 곳에서 잠들어 있다. 당신은 자신의 마음속에서 대단한 힘을 끄집어내어 바라는 대로 당신의 인생을 충족시킬 수 있다.

이 우주적인 치유력은 다른 특수한 목적으로도 이용될 수 있다. 정신이나 육체의 질병과 상처 등을 치유하는 데만 쓰이는 것은 아니다.

이상적인 결혼 상대를 만난다든지, 사업상의 성공, 사명을 발견하는 일이나 어려운 문제의 해답을 얻고자 할 때, 모두 같은 법칙에 따라서 나타난다.

이 법칙을 올바르게 적용한다면, 당신은 요리사·음악가·의사 등, 무엇이든지 희망하는 훌륭한 인물이 될 수 있을 것이다. 무질서에 조화를 가져오고, 고통을 안락으로, 슬픔을 기쁨으로, 빈곤을 풍요를 바꾸고자 할 때 이 힘을 사용할 수 있다.

공포의 수종水腫을 고친 기원

런던에 사는 내 친구 중에 신앙심이 아주 강하고 악의라곤 조금도 찾아볼 수 없는 사람이 있었다.

온순하면서도 쾌활한 성격의 소유자인 그는 남에게 베풀 줄 아는 사람이었다. 그런데 그의 아버지가 수종水腫으로 사망하게 되자 큰 충격을 받은 그는 그 충격에서 좀처럼 벗어나지 못했다.

"나도 언젠가는 아버지처럼 수종으로 죽게 될 것만 같아 그 두려움 때문에 견딜 수가 없어."

그가 나에게 호소했다.

그의 부친은 언제나 어깨가 쑤셨으므로 두들겨 보기도 했고, 배에서 매우 많은 물을 빼내곤 했다.

이러한 사실들이 그의 머릿속에서 늘 떠나지 않았으므로 그 두려움으로 인해 그에게도 수종 증세가 나타나기 시작했다.

그는 이미 100년 전에 메느의 피니어스 파크허스트 퀸비 박사가 밝혔던 단순한 심리학적 진리를 모르고 있었다.

퀸비 박사는 이렇게 말했다.

"만약에 당신이 무엇인가를 믿게 된다면, 그것은 당신의 의식과는 상관

없이 마음속에 대단한 것으로 남게 된다."

그는 점점 공포감이 더욱 심해지고, 자신도 부친과 똑같이 수종으로 죽게 된다는 믿음까지 갖게 되었다.

그러나 뜻밖에도 내가 퀸비 박사의 이론을 설명해 주었더니, 그는 매우 달라졌다.

그는 어이없는 망상을 사실로 받아들였던 자기의 잘못을 깨달았다.

그의 공포는 진리를 잘못 이해한 데서 비롯된 것임을 지목해서 들려주었다.

부친이 걸린 병이 반드시 그 자식에게까지 나타나는 법은 없지. 자네는 겁낼 필요가 없는 일을 공연히 겁내고 있는 거야. 건강·부富·아름다움 같은 것을 바라야지. 공연히 병이나 빈곤 따위를 바라고 있을 것까진 없네."

다행스럽게도 그는 아버지가 걸린 수종이 나타날까 두려워했지만, 이성을 잃지는 않았다.

그는 마침내 마음가짐을 어떻게 하느냐에 따라 다른 인생이 펼쳐진다는 사실을 깨닫게 되었다.

'만물을 치유하는 힘은 지금 나 자신 속에 있다. 내 병은 쓸데없는 상상에서 비롯된 것에 불과하다.'

그는 이처럼 분명하게 말할 수 있었기 때문에 좋은 결론을 얻을 수 있었다.

그러므로 자기의 정신 상태를 재구성한 그는 조화·건강·완전성이라는 하느님의 형태를 마음속에 지니게 되었다.

그는 잠들기 전에 단어 하나하나를 의미 있게 받아들이고 조심스러운 마음으로 기도했다.

"이 세상의 모든 것을 치유하는 힘은 그 예지와 하느님의 도움을 받아 내 육체를 조정하며 활동케 하고, 개조하고, 재건하며 고쳐 나갑니다. 내

몸은 구석구석까지 깨끗이 씻기고 생명력으로 가득 차 있습니다. 하느님의 순환과 동화同化와 소화消化가 내 육체와 정신을 건강하게 만들어 줍니다. 주님의 기쁨이 내 힘의 근원이 됩니다. 나는 완전하게 되고자 합니다. 나는 이 점을 감사히 생각합니다."

그는 이러한 기원을 밤마다 되풀이했다.

그로부터 약 1개월 뒤, 그는 자신이 완쾌되었음을 확신했다. 물론 의사도 그가 완전히 건강을 되찾았음을 증명해 주었다.

치유를 위한 세 단계

질병이나 상처를 치유하는 제1단계는, 지금 이 순간부터 병이나 상처가 더욱 심해질 수도 있다는 생각을 버리는 것이다.

제2단계는 현재의 상태는 지난 일을 자꾸 되풀이하여 생각함으로써 생기게 되었다. 하지만 지난 일을 돌이켜도 현재에는 어떤 영향도 줄 수 없음을 깨닫는 일이다.

제3단계는 당신의 마음속에 존재하는 하느님의 힘을 정신적으로 강화하는 일이다.

이 같은 3단계를 거치는 동안 당신의 마음속에서 우러나온 독毒, 또 당신이 도와주고 싶은 환자의 마음속의 독까지 모두 사라져 버린다.

그러면 당신이 기도하는 것과 사고하는 것, 느끼고 싶은 것들이 마음속에서 계속 자라난다.

다른 사람의 말이나 힘겨운 일에 대해 괴로워해선 안 된다. 당신 안에는
하느님이 존재한다는 신념으로 용감하게 살아가야 한다.

정신적인 눈을 뜨고 실체를 분명히 보라

세상에는 수많은 '시각장애인'이 있다.

눈으로 볼 수는 있지만, 심리학적·정신적인 면에서 시각장애인이다.

그 이유는, 그들은 자신이 날마다 아침부터 밤까지 생각하는 게 고스란
히 실현되고 있음을 모르기 때문이다.

다른 사람을 증오하고 질투하고 분개하고 있는 동안, 정신적으로 시각장
애인이 되어 간다. 그는 자기 자신을 서서히 파괴해 가는 몹시 해로운 독소
가 마음속에서 커지고 있음을 모른다. 수많은 사람이 늘 이런 말을 한다.

"내 문제는 술술 풀릴 수 있는 게 아니다. 나는 극도로 어려운 상황에
부닥쳐 있다."

이런 마음가짐 역시 정신적인 시각장애인의 결과이다.

새롭게 아이디어를 떠올리고, 그 어려움을 이겨내거나 잠재의식 속에 있
는 지혜와 이성으로써 문제를 해결했을 때 비로소 정신적인 눈을 뜬 것이
된다.

당신은 의식과 잠재의식이 결합해 재구성되고 서로 영향을 끼치고 있음
을 인식해야 한다.

이 같은 진리에 관해 '시각장애인'이었던 사람도 의식을 기울여 자기를
관찰함으로써 정신적인 눈을 뜨고 건강·부富·행복·마음의 평화라는 실체

를 분명히 볼 수 있게 된다.

마음의 이용 법칙을 잘 사용하기만 하면 바라는 대로 나아갈 수 있다.

눈은 올바른 사고와 행동을 보는 도구다

우리는 사물을 볼 수 있다.

그러나 우리는 단지 거기에 사물이 존재하고 있음을 인정할 뿐이지 보는 것을 창조하는 건 아니다.

우리는 눈으로 보는 게 아니라 눈을 통해서 보는 것이다. 안구의 안쪽에 있는 망막이 물체에서 오는 빛으로 인해 자극을 받는다. 시신경을 통해서 이 자극이 뇌에 전달된다.

우리의 뇌 속에 있는 빛이나 이성이 이처럼 외부의 빛과 닿게 되면 사물이 보이는 것이다.

당신의 눈에 나타난 열망은 하느님의 사랑과 하느님에게로 향한 기쁨, 하느님의 진리로부터 나온 것이다.

눈은 올바른 사고와 올바른 행동을, 또한 하느님의 사랑과 지혜를 나타낸다. 언제나 올바르게 볼 수 있는 마음가짐을 하고, 모든 것에 선의로써 대하라. 그러면 당신은 진실로 올바른 방향으로 전진할 수 있게 된다.

"보라 네 믿음이 너를 구원하였느니라 하시매 곧 보게 되어 하나님께 영광을 돌리며 예수를 따르니 백성이 다 이를 보고 하나님을 찬양하느니라."

〈누가복음〉 제18장 42~43절

완벽한 눈과 귀를 위한 기원

내 안에는 무엇이든지 치유할 수 있는 하느님이 존재하고, 나는 정신적으로 영원한 가치를 지닌 것을 꿰뚫어 볼 수 있는 통찰력이 있다.

나의 눈은 바로 하느님의 아이디어이다.

내 눈은 언제나 완벽한 작용을 한다. 나의 마음은 진리에 대하여 솔직하고 힘 있는 반응을 일으킨다. 내 속에서 이해의 빛이 돋아나고, 날이 갈수록 하느님의 진리는 명백해진다.

나는 정신적으로는 물론 육체적으로도 보고 있다. 나는 진리와 아름다움의 모습을 곳곳에서 보고 있다.

하느님의 치유력은, 이 순간에도 나의 눈을 고쳐서 새롭게 만들고 있다. 눈은 완전히 하느님의 도구로 쓰인다. 나는 육안과 마음의 눈으로 이 세상 어디에서든지 두 눈과 마음의 눈을 통해 하느님의 말씀을 볼 수 있다.

나는 또 진리에 대하여 알고 있다. 완전한 하느님의 아이디어인 내 귀는 언제나 완벽한 작용을 하고 있다.

귀는 하느님의 조화를 전달하는 완전한 도구이다.

나의 눈과 귀를 통해 하느님의 사랑과 아름다움과 조화가 내 안으로 녹아 흘러들고 있다.

나는 영원한 하느님과 한 몸이 되어 있다.

나는 내 속에서 조용히 속삭이고 있는 하느님의 음성을 듣는다. 내 귀는 하느님의 힘으로 열려져 모든 것을 재빨리 자유롭게 들을 수 있다.

당신의 인생에 도움을 주는 제안들

① 병을 고치는 하느님의 힘은 바로 자기 자신 안에 있다. 정신적인 장애를 없애고 이 치유의 힘을 힘차게 작동시킨다.

② 편집광은 자신의 마음을 잘못된 쪽으로 단숨에 달음질시키는 어떠한 힘을 지배하고, 제약하는 대로 내버려 둬 버리는 사람을 말한다.

③ 어머니가 불안정한 상태에서 고심하거나 괴로워한다면 이 부정적인 감정은 고스란히 어린아이의 잠재의식에까지 흘러 들어가 어린이가 고열高熱을 내는 원인으로 작용한다.

  어머니는 하느님의 평화를 마음속으로 받아들이고, 편안한 상태를 유지해야 한다. 그러면 어린이의 열은 내리고 완쾌된다.

④ 하느님의 치유력이 우리 마음속에 내재하여 있어서 누구나 회복력과 치유력을 갖고 태어난다.

⑤ 당신을 창조한 놀라운 힘은 병을 고치는 방법도 알고 있다. 그 힘은 육체의 구성·조직·기능에 대해 잘 알고 있다. 그 힘을 확신하고, 그 힘에 의존해 보라.

⑥ 언제든지 조화·생명·아름다움 같은 것이 당신의 몸과 마음에 충만하다고 생각하면, 당신의 몸은 건강을 되찾고, 조화롭게 재편성될 것이다.

⑦ 성격에서는 일반적 법칙을 설명하면서 의인법을 자주 사용하고 있다. 왜냐하면, 그것이 쉽게 이해되고 설득력이 있기 때문이다.

  하느님이 자신 안에 있고, 자신을 구제해 준다는 사실을 깨닫는다면 열등감을 이겨 낼 수 있다.

⑧ 치유될 수 없는 병이란 있을 수 없다. 단지 아무리 해도 회복되지 않는다고 믿는 사람들은 회복시키는 것이 어려울 뿐이다.

⑨ 신념만으로 모든 것을 치유할 수 있다는 생각은 과학적인 이해에서 이루

어지는 것이 아니다. 좀 더 바람직한 것은 의식과 잠재의식 사이의 작용을 잘 융합하고 조화되게 하여 일정한 방향으로 작동되는 것이다. 어떤 방법으로 치료를 하든지 진짜로 치유하는 것은 바로 잠재의식의 힘인 것이다.

⑩ 사람들은 흔히 '그것은 불가능하다'고 말하곤 한다.

그러나 하느님과 함께 있을 때 모든 것은 가능해진다.

당신을 창조한 하느님에 의해 당신은 조정되어 간다.

⑪ 치유의 법칙은 생각과 상상이라는 당신의 정신적인 틀에 의해 결정된다. 그리고 당신이 구하는 것은 모두가 실현된다.

만일 당신이 무엇인가를 믿게 되면, 의식 여하를 막론하고 그것은 마음속에서 커다란 자리를 차지하게 된다. 따라서 당신을 조정하고 축복하고 격려해 주는 것만 믿어라.

⑫ 당신의 마음속에 존재하는 하느님의 힘을 강화하라. 그러면 육체의 병은 더는 진행하지 않을 것이다.

⑬ 감사한다는 것은 곧 하느님에게 가까이 다가간다는 것이다. 따라서 기도와 찬미와 감사의 말로 충족시켜라.

⑭ 머릿속으로 생각하는 것이 현실화되어 나타나고, 마음속으로 느끼고 있는 것이 자신을 매혹하며, 바라는 것이 이루어진다는 사실을 깨닫지 못하는 사람은 심리학적으로 볼 때 시각장애인과 같다.

⑮ 통찰력은 영원히 가치 있는 것을 꿰뚫어 본다. 눈에 대해 기원을 하면, 정신적·육체적으로 점점 더 잘 보이게 된다.

11

신은 무한한 지혜와 사랑을 베풀어 준다

These truths can change your life

항상 신은 이 대지大地의 어느 곳에서나 존재하고 있다.

온종일 신의 뜻대로 행동하는 것이 조화·건강·환희·평화· 완전한 생명으로 들어가는 길이다.

그러면 상상을 초월한 힘이 생겨난다. 이것을 쉬운 일로 여기고 결코 소홀히 해서는 안 된다.

모든 창조물이 제각기 다른 모양을 하고 있는데, 그것은 신의 표현인 것이다.

자기 자신이라는 특정한 개인의 모양이 창조된 새로운 생명이다.

언제나 신은 당신을 통하여 올바르게 표현하고자 애쓴다.

당신은 마땅히 신의 빛을 우러러보며 영원히 신을 찬송해야만 한다.

그러면 모든 진리 속에서 가장 위대한 것에 대해 심층적으로 생각해 보자.

'이 세상에 존재하는 유일한 이유이고 힘이며, 실상이 신인 것이다. 당신이 접촉하고 보며 느끼는 모든 것은 신이 스스로 표현된 일부분이다.'라는 위대하고 포괄적인 진리를 상기하라.

신은 크나큰 힘의 소유자이다

나는 많은 사람이 날마다 10분 정도 조용히 앉아 이렇게 생각하고 있음을 잘 안다.

'절대적인 축복·조화·평화·환희·무한한 지식이 신인 것이다. 신은 크나큰 힘의 소유이며 무한한 지혜와 사랑을 나누어 준다.'

그들은 이러한 진리로부터 모든 사고가 시작된다.

또 그들은 신의 힘을 여러 방면에서 볼 수 있다.

그리고 그들이 만나는 모든 사람은 신의 표현임을 깨닫게 된다.

실제로 눈에 보이는 모든 것은 신을 통해서 보는 것이다.

모든 것은 신이 스스로 기쁨을 표현하기 위하여 극적으로 연출한 장면인 것이다.

이것을 자각하게 되면, 그들의 세계는 전과 달라진다. 당연히 그들은 훨씬 건강해지고, 새로운 생명력과 힘이 솟구치는 것을 느낀다.

기도로 7년간 행방불명이었던 아들을 찾는다

여러 가지로 나의 강연을 도와주었던 로스앤젤레스의 미카엘 산즈 씨가 경험한 굉장한 사건을 소개하겠다.

7년여 전, 그는 남아프리카를 떠나게 되었다.

그때, 그는 아들에게 나중에 따라오라는 전갈을 남겼다.

그런데 그것이 아들에게 전해지지 않았다.

그 아들은 이혼해서 따로 사는 어머니와 연락을 시도했으나, 그 어머니도 다른 곳으로 이주해서 도저히 행방을 알 수가 없었다.

아버지는 아들에게 계속해서 편지와 전보를 띄웠다. 그리고 남미南美에 있는 상인에게 아들을 찾아 달라고 부탁하고, 탐정 사무실에도 의뢰했다.

그러나 모든 노력이 수포가 되었다.

최근에 친척이 산즈 씨에게 보낸 편지에는 도저히 찾을 길이 없고, 남미에서 아들은 이미 법적으로 사망 처리되었다고 씌어 있었다.

그러나 그는 아들이 살아 있다는 믿음을 버리지 않고 이렇게 자기 자신에게 속삭였다.

'신의 손안에 나의 아들이 있다. 신은 반드시 가까운 시일 안에 현재 아들이 있는 장소를 알려 줄 것이다. 신은 우리 부자를 만나게 해 준다고 확신한다. 신에게 진심으로 감사를 드린다.'

이처럼 그는 날마다 기도를 되풀이했다.

그로부터 얼마 후, 그는 아들이 스스로 찾아왔다고 하면서 데리고 왔다.

아들은 행상인行商人이 되어 아버지의 행방을 수소문하고 있었다.

그가 기도를 시작할 그 무렵에 아들은 대도시에서 전화부를 조사하기 시작했다.

마침내 로스앤젤레스에 도착해서 아들은 아버지의 이름을 찾아냈다.

아들은 그 즉시 택시를 타고 7년간의 오랜 방랑 생활 끝에 자기의 집으로 돌아오게 된 것이다.

그야말로 기적적인 일이 일어났다.

기도를 통해 화재에서 기적적으로 벗어난 집

몇 년 전, 한 부인이 나에게 거의 정신이 나간 상태에서 전화했다.

이웃집에 불이 났는데, 그 불이 금세 자기 집으로 옮겨붙을 것 같다는 것이었다.

그때 나는 그녀에게 전화로 신에게 기도하라고 지시했다.

나는 기도 문구를 꺼냈다.

'나는 지금 신이 당신과 당신의 집에 존재하고 있음을 안다. 신의 사랑이 당신의 집을 감싸고 있다. 신의 방패가 당신과 당신의 집을 지키고 있다. 당신은 신이 어디에나 존재한다는 것을 믿고 있다.

신은 평화·환희·조화·확신·성실의 근원인 것이다. 신의 무한한 사랑인 성스러운 담으로 당신의 집이 둘러싸이고 당신을 보호하고 있다. 신은 반드시 지켜주고 구해 준다. 지금 우리는 기도를 하고 신이 이에 응답을 보내 줄 것을 확신한다.'

이튿날 아침, 그 부인으로부터 전화가 왔다.

부인의 집 담으로 옮겨붙기 전에 불이 꺼졌다는 것이었다.

정말로 기적적인 일이었다.

그 날 경찰관이 화재 현장에 나와 진상을 조사하면서 이렇게 말했다고 한다.

'신이 당신을 구제한 것이오!'

기도는 사람의 마음도 완전히 바꾼다

뉴욕의 큰 법률 사무소에서 부장의 비서로 근무하는 여성으로부터 편지를 받았다.

같은 사무실에 있는 다른 두 여성이 어떻게 해서든지 그녀를 비서의 자리에서 물러나게 하려고 악질적인 소문을 퍼뜨리고 다녀서 곤란하다는 것이다.

나는 그녀에게 답장을 보냈다. 그 여성들에게도 신이 실제로 존재한다는 믿음을 심어 주라고 지시했다.

그 일은 동료들과 그녀 자신에게도, 지성과 사랑·조화라는 신의 특성을 갖추게 된다고 설명했다.

나는 그녀에게 다음과 같은 기도문을 알려 주었다.

나는 K와 L과의 사이에서 신의 존재를 발견한다.

신의 생각과 말·행동은 모두 두 사람을 통해서 나타난다. 두 사람은 사랑을 받을 자격이 있으며, 친절하고 협조적이다.

두 사람 중, 누군가를 생각하고 마주치게 되더라도 나는 마음속으로 다음과 같이 말할 것이다.

'당신을 통해서 신의 사랑은 전파되어 나옵니다. 당신을 통하여 신이 행

동합니다.'

그녀는 반드시 이것을 지켰다. 그녀는 일주일도 되지 않아 나에게 편지를 보냈다.

그녀를 괴롭히던 두 여성이 다른 사무실로 옮기게 되어, 두 사람은 그녀를 저녁 식사에 초대한 것이다. 그 자리에서 두 사람은 모두 그녀를 칭찬했다는 것이다.

신은 이처럼 심술궂은 사람의 마음도 완전히 바꾸어 놓았다.

설교로 감화를 주지 못한 목사의 변신

젊은 목사가 나에게 조언을 구하고자 방문했다.

그의 교회의 모든 교구민이 그에게 불친절하며, 그의 설교를 비판한다는 것이었다.

오랫동안 설교 준비를 하고, 신앙이나 교의에 관하여 아무리 열변을 토해도 귀를 기울이지 않는다는 것이다.

그 목사는 그들이 자기를 거부하는 이유를 도무지 모르겠다고 호소했다.

그는 2년 전에 그 교회로 전임해 왔지만, 여태껏 식사에 초대받은 일이 없다고 털어놓았다.

그의 말을 들은 나는 신의 존재에 관하여 설명했다.

그런데 그는 이렇게 반문했다.

"도대체 그게 무슨 말입니까?"

그래서 나는 대답했다.

"제단祭壇에 오르기 전에 청중을 향하여, 마음으로부터 사랑과 평화·선의를 전달하고, 마음속으로 이렇게 주문해야 합니다. 오늘 아침 여기에 온 모든 사람은 축복 속에 있습니다. 신에 의하여 지원과 격려를 받고 있기 때문입니다. 나를 통하여 신의 생각과 말·행동이 나타나고 나를 통하여 신의 빛이 사람들에게 퍼집니다. 내가 설교하는 심원한 진리를 듣는 순간 이들은 그 자리에서 도움을 받게 되어 번영을 누리게 됩니다. 나는 모든 교구민을 사랑하고 그들은 모두 신의 자녀이며, 신의 빛은 그들을 통하여 빛나고 있습니다."

그는 나의 조언대로 따랐다.

그로부터 2, 3주일 후 예기치 못했던 변화가 일어났다.

그는 교구민들로부터 칭찬을 듣게 되었다.

그의 설교로 감화를 받을 뿐만 아니라, 격려된다는 것이다. 교구민들의 기도가 뜻대로 이루어졌다.

그는 그 어떤 곤경도 신의 실재實在에 의하여 해결될 수 있음을 깨달았다.

신의 실재는 모든 사람에게 신의 진실을 드러내는 것이며, 마음속 미신과 그릇된 생각을 쫓아내 버린다.

성인 로렌스의 평화

17세기, 한 사원의 수도사였던 로렌스에 관한 이야기이다.

그는 모든 것을 신에게 바치는 청렴한 성인이었다.

그는 온몸으로 성심성의를 다해서 신의 실재에 가까이 다가서고 있었다.

'나의 사명은 오로지 신의 의지를 행하는 것이다.'

이것이 한결같은 그의 주장이었다.

그는 접시를 씻거나 마루를 닦고 있을 때도 항상 신과 함께 있다.

그는 모든 움직임을 신의 작용으로 믿었다.

그에게는 부엌에서 일하는 것이나, 제단 앞에 서는 것이나, 모두 똑같은 일이었다.

그는 신에의 길은 사랑과 마음에 따르는 것임을 확신했다.

로렌스는 그다지 학식이 깊지는 않았지만, 그의 설교는 아주 훌륭했다.

그것은 신이 그의 마음속에서 말하고 있었기 때문이다.

'나는 신에게 모든 것을 맡긴다. 내가 하는 모든 일은 신의 마음으로부터 나온다. 따라서 모든 것이 올바르게 진행된다.'

이것이 그가 신에 대해 지닌 태도였다.

그는 단 하나 마음에 걸리는 일은 때때로 신의 일을 깜빡 잊은 것이라고 말했다.

하지만 그는 신의 사랑과 선의에 대한 신앙심이 깊었으므로 공포 따위를 느끼는 일은 없었다.

젊은 시절에 그는 자기가 지옥에 떨어지는 게 아닌가 하는 걱정에 싸이기도 했다.

그의 마음속의 번민은 4년 동안이나 지속하였다.

그 후, 이런 부정적인 생각이 드는 것도 신앙심이 부족하기 때문이라는 걸 깨달았다.

그는 이 같은 깨달음이 있고 나서 자유와 기쁨에 넘친 날들을 보낼 수가 있었다.

노래를 만들거나 빵을 굽고, 접시를 씻을 때는 물론, 잠시라도 한가해지면 마음을 가라앉히고, 마음속의 신을 떠올리고 신의 실재를 느끼며, 신과 만나는 훈련을 했다.

마음속에서 솟구치는 이 광명光明에 의하여 언제나 평화로움 속에서 생활하게 되었다.

기도로 아들의 천식을 고친 아버지

《인생에 기적을 일으킨다》를 읽은 시카고의 한 독자로부터 정성스럽게 손으로 쓴 편지를 받았다.

그는 특히 건강에 관련된 내용을 읽고 큰 감명을 받았다고 했다.

그에게는 1년 내내 천식으로 고통스러워하는 여덟 살 된 아들이 있었다. 극심한 발작이 끊임없이 일어났으므로 당장에 죽을 것같이 생각되었다.

어느 날 밤, 그는 아들이 잠들어 있는 곁에서 큰소리로 기도를 했다.

'존, 너는 신의 아들임이 분명하다. 나는 너에게 신의 존재를 발견할 수 있다.

너는 건강·조화·환희·평화·생명력·완전함 속에 존재한다.

너는 신의 영혼에 의해 창조되었으며, 신의 입김으로 생명력을 사랑 속에서 휴식을 취한다.'

그는 1시간 동안 정성껏 기도했다.

그 진리를 마음에 새긴 그는 이것이 아들의 잠재의식에까지 전달되고 있음을 인식했다.

그는 분명히 효과가 나타나고 있음을 깨닫고 기도를 그쳤다.

그 이튿날 아침, 잠에서 깨어난 아들이,

"아빠, 어젯밤 예쁜 천사님들이 모여들면서, 존, 네 병은 완전히 나았어 하고 말하는 꿈을 꾸었어요."

아들의 천식은 깨끗이 사라지게 되었다.

신의 실재에 대한 아버지의 확신이 아들에게 전해지고, 아들의 잠재의식이 아름다운 천사라는 상징적인 꿈으로 나타남으로써 마침내 그 병이 쫓겨나게 된 것이다.

이것은 신의 실재를 믿음으로써 놀라운 힘이 발휘된 한 증거이다.

전신 마비에서 걷게 된 기도의 기적

캘리포니아에 있는 의사 엘시 L. 맥코이로부터 기적적인 치료의 좋은 사례가 되는 다음과 같은 편지가 왔다.

200kg의 육중한 책상 밑에 깔린 A 씨는 머리·목·가슴 할 것 없이 온몸에 심한 상처를 입었다.

그는 며칠 동안 의식을 잃은 상태에 있었다. 그래서 나는 함께 기도를 올렸다.

우리는 1시간 정도 기도를 하게 되었습니다.

'신이 바로 이 사람의 생명인 것입니다. 그는 신의 생명 속에 존재합니다. 그에게 존재하는 신의 실재實在는 평화와 생명력, 그리고 완전함입니다.'

그는 1시간쯤 지났을 때, 의식을 회복할 수 있었습니다.

그러나 전신이 마비되어 입을 벌릴 수조차 없었습니다.

모든 게 절망적으로 생각되었습니다.

나는 할 수 있는 일은 무엇이든지 했습니다. 그러나 마음속으로는 신만이 이것을 고칠 수 있다는 생각이 들었습니다.

날마다 나는 목사와 함께 그의 곁에서 기도를 올렸습니다.

'신은 당신의 신체로 말합니다. 당신은 신의 힘으로 말하고, 기쁨에 넘쳐 자유롭게 걷고 있습니다. 당신이 저쪽 방에서 이쪽을 향해 걸어오는 모습이 보입니다. 신은 반드시 당신을 고쳐 줍니다.'

그로부터 3개월 후, 기적이 일어났다.

그는 분명히 말을 하게 되었으며, 지팡이가 없이도 걸을 수 있게 되었다.

현재 그는 아주 자유롭게 걸어 다니고 있다.

그는 병상에서 우리가 기도한 내용을 전부 듣고 있었으며, 이것이 자신의 잠재의식에 새겨졌다고 말했다.

그는 분명히 우리의 기도가 그의 잠재의식에 흘러들어 효과를 보았다. 이것이야말로 신의 놀라운 힘의 성과인 것이다.

사이가 나쁜 상대와 좋은 관계를 맺게 하는 기도

내가 이 장章을 쓰고 있을 때, 옛 친구한테서 장거리 전화가 걸려와 잠시 쓰는 것을 중단했다.

그의 목소리에는 분노가 서려 있었다.

"나와 사이가 안 좋은 두 놈의 장사꾼이 있는데, 그놈들이 내 장사를 망쳐 놓으려고 나를 골탕 먹이지 뭔가!"

그때 나는 그 친구에게 신의 실재에 관한 이야기를 들려주며 이렇게 기도해 볼 것을 권했다.

'나의 두 적敵은 오늘 이후로 날마다 신과 신의 선의를 더욱 많이 반영하게 된다. 그들도 나처럼 희망과 상도덕을 갖고 있으며, 평화와 조화와 사랑과 기쁨을 구하고 있다.

그들은 정직하고 진지하며, 지성을 갖고 있다. 신의 은총은 항상 최고의 것을 행한다. 그들에게 신의 축복이 있기를 바란다.

우리의 사이에는 조화와 평화, 그리고 신의 이해로 가득 차 있다. 나와 마찬가지로 그들도 신의 규칙에 따라서 올바른 일을 행한다. 나는 그들의 마음속에 있는 신성神性에 경의를 표하며, 앞으로 그들과 함께 사이좋게 지낼 것이다. 그렇게 될 것을 확신하며 신에게 감사를 드린다.'

나는 그에게 이러한 내용의 기도를 하루에도 몇 번씩 반복하여 자기 자신도 정말 그렇게 생각하고 있다고 마음속 깊이 느낌으로서 잠재의식 속에 스며들게 하라고 충고했다. 그리고 이 기도로 말미암아 그 일이 말끔히 씻어지고 마음이 편안해질 수 있도록 덧붙여 말했다.

나의 충고를 듣고 난 그는 성심성의껏 이를 실행에 옮겼다.

그리고 그는 자기가 마음속 깊은 곳에 있는 놀라운 치유력에 힘입어 두 사람과의 사이가 대단히 부드러워졌음을 깨닫게 되었고, 그 결과 그와 두 사람 사이에는 커다란 변화가 일어났다.

신의 실재에 힘입어 그는 그렇게 적대시했던 두 사람과의 관계를 부드럽게 풀어나갈 수 있음을 몸소 체험했다.

당신이 바로 실행해야 할 3단계

제1단계—신은 유일한 존재이며 유일한 힘이라는 사실을 마음속 깊이 받아들이고, 당신의 모습이 곧 신임을 알라.

제2단계—나무가 됐든지, 고양이가 됐든지, 당신이 보고 접촉하는 모든 것은 신이 표현된 일부분임을 깨닫고 믿도록 한다.

이것은 당신에게 가장 위대한 것이며 가능한 일이다. 그것은 설명할 수 없을 정도로 강력한 것이다

제3단계—하루에 두세 번씩 평정한 상태에서 마음을 모으고 다음과 같은 문구를 생각해 본다.

'신은 어디에든지 존재한다. 모든 사물 속에 신이 존재한다.'

먼저 신은 당신이고 당신 주위 사람들 속에 존재한다는 사실을 인식하는 지점에서 출발하라.

당신을 통하여 신의 생각과 행동이 나온다.

그리고 그것을 다른 사람에게도 일어난다고 되풀이해서 생각하기로 한다.

특히 다른 사람들과 교제할 때에는 반드시 이것을 마음속으로 되풀이하도록 한다.

만일 당신이 청중 앞에서 이야기한다든지 악기를 연주할 때는 다음과 같이 속삭인다.

신은 나를 통하여 이 청중에게 축복을 내리며 지원해 주신다.'

그러면 청중은 당신에게 사랑을 보내고 당신의 실력을 인정하게 된다.

이것이 신의 실재가 지닌 가치이다.

신과 함께 생활할 수 있는 기도

나는 의식 속에서 생활한다.

진심으로 우러나오는 사람들에 대한 사랑·조화·기쁨·선의를 바르게 의식한다.

나의 참된 고향은 지리적으로 나누어진 지상에 있지 않고, 신의 나라에 있음을 안다.

나는 아주 높다란 비밀의 장소에 존재하는 전능한 신의 그늘에서 휴식을 취한다.

언제나 나는 신과 함께 걷고 이야기한다.

세상에는 오직 하나뿐인 신의 가족만이 존재하며, 그것이 인간임을 나는 안다.

나의 유일한 적은 두려움과 나태와 미신과 타협이라는 위선적인 신들임을 안다.

나는 이 같은 적을 마음속에서 쫓아내 버린다. 나는 마음속에서 부정적인 생각이 확장되는 것을 허용하지 않는다.

내 마음속의 왕관은 신과 신의 사랑만이 차지할 수 있다.

나는 신의 사랑을 바탕으로 사고하고 행동한다.

나는 지금 진심으로 신의 힘에 닿아 있다. 그러면 나를 위하여 그 힘이 작용한다.

나는 반드시 승리한다는 신념에 불타고 있다. 나는 안락한 빛으로 둘러싸인다. 현재 나를 통해서 신의 평화의 강물이 흘러나오는 게 느껴진다.

모든 사람의 마음속에 신의 사랑이 스며들고, 언제나 신과 신의 지혜에 의해 인도되고 지배된다는 것을 나는 분명하게 말할 수 있다.

신은 나를 포함한 모든 이들에게 가르침을 주고, 모든 나라를 격려해 주며, 신의 의지를 자연스럽게 돕는다.

신의 의지는 평화·조화·완성·기쁨·아름다움·완전무결을 뜻한다. 그야말로 굉장한 일인 것이다!

진리를 떠올리자

① 신의 실재實在를 깨닫는 것이 행복과 건강, 마음의 안일을 얻을 수 있는 길이다.

② 당신에게 보이는 모든 것이 신이 스스로 표현된 일부분임을 인식하라.

③ 신은 무한한 지혜의 소유자이다. 만일, 당신의 아들이 행방불명이 되었다

하더라도 신은 이미 그가 있는 장소를 알고 있으며, 그 길을 당신에게 알려 준다.

④ 신의 사랑의 울타리가 당신과 당신의 집 주위로 둘러싸인다면 당신에게 해를 끼치지 못한다. 언제나 신이 당신을 보호해 주고 있다.

⑤ 당신을 괴롭히고, 당신을 헐뜯는 사람들 가운데도 신이 실재한다. 신은 그런 사람들을 통해서도 생각과 말을 하며 행동을 나타낸다. 또한, 반드시 사랑에 의해 그들도 당신의 편으로 만들 수 있음을 믿는다.

⑥ 만일, 당신이 청중 앞에서 강연하게 된다면 연단에 오르기 전에 마음속으로 다음과 같이 속삭이도록 한다.

'나를 통하여 신의 축복이 청중에게 내린다.'

그러면 당신의 인생에 기적 같은 일이 일어나게 된다.

⑦ 모든 일은 신에 의해 진행된다. 신의 빛이 감돌고 있음을 명심해야 한다.

⑧ 신의 사랑과 평화, 기쁨과 보호가 존재함을 깨달음으로써 가족을 위한 기도를 할 수 있다. 당신의 기도가 이루어질 것을 믿어야 한다. 그러면 당신이 사랑하는 신에 의해 이루어질 수 있다.

⑨ 만일, 누군가가 당신을 해치려 한다면, 당신은 신과 하나가 되어 모든 것을 물리칠 수 있음을 명심하도록 한다.

⑩ 당신에게 보이는 모든 것은 신이 스스로 표현된 일부분임을 깨닫는다.

이것은 당신에게 가장 위대한 것이며 가능한 일이다.

당신이 마주치는 모든 사람은 신의 화신인 것이다. 그는 당신이 단점과 약점을 떨쳐 버리기를 원한다. 당신은 바울처럼 다른 사람들 속에서 신을 발견하고 빛나는 힘을 느끼게 된다.

12

당신의 경험·환경 등이
정신의 영양물이다
These truths can change your life

연구를 통해 몸에 이롭다고 증명된 음식물을 균형 있게 섭취해도 사람들은 위궤양에 걸리는가 하면, 암이나 관절염, 그 외에도 여러 가지 중병에 걸리곤 한다.

당신의 경험과 환경 등이 정신생활의 양식이 된다는 것이다. 경험과 환경은 당신의 생활을 의미 있게 만들어 주고 당신이 처한 환경을 풍요롭게 한다.

질병이나 실패·비판·빈곤 등은 증오감·분노·공포감·고민으로부터 비롯된다.

모든 생물은 먹이가 있는 그곳에서 서식한다.

먹이가 없는 장소에는 동물이 생존하지 않는다는 것을 과학자나 탐험가를 통해서 알고 있다.

온갖 식물이 번성하는 곳에서는 생활도 풍요지게 마련이다.

만일, 당신이 마음속에 부정적인 생각을 음식물로 주게 된다면, 질병이나 비관·고민 등이 당신의 생활 속에서 번성하게 된다.

고민이나 질병은 스스로 영양이 되는 음식물을 항상 찾고 있다.

.

당신의 인생은 당신이 취하는 영양 상태에 따라 결정된다

'당신을 만드는 것은 음식물이다.'

이것은 일반적인 생각이다.

음식물의 섭취 정도에 따라 사람의 신체가 달라진다.

이와 마찬가지로, 당신의 생활이나 당신의 인생은 정신적·심리학적으로 당신이 취하는 영양 상태에 따라 결정된다.

항상 하느님을 느끼며, 사랑·친절·명랑·환희·선의를 생각한다면 건강·기쁨·행복·성공에 영양가 높은 음식물을 주는 것이다.

이것을 완전히 소화한다면, 건강·행복·성공이 당신에게로 끌려들어 온다. 또한, 그것은 당신의 생활을 만드는 것이다.

만일, 당신의 마음이 증오·원망·적의로 가득 차 있다면, 아무리 영양가 높은 음식물을 다량으로 섭취한다 하더라도 그것은 질병의 원인이 되고 만다.

그러나 당신의 마음이 선의에 넘쳐흐르고 기쁨과 감사로 가득 차 식사를 한다면, 그 음식물은 잘 소화되어 아름다움과 활력·건강·힘으로 나타나게 된다.

당신이 섭취하는 고기나 빵은 나중에 당신의 피와 살을 만든다. 이것이 '당신을 만드는 것은 음식물이다'라는 말의 참뜻이다.

정신에도 매일 영양을 공급해 주어야 한다

우리의 신체에 음식물은 실로 중요한 것이다.

많은 전문가가 지방 과다 섭취는 위험하다는 것을 증명하고 있다.

지방 과다는 심장·폐장·간장·신장 등 중요한 내장 기관의 효과적인 역할을 차단하기 때문이다.

또 대부분의 육체적·정신적 질병은 필수 성분인 비타민이나 유기물·무기물의 결핍으로 인해 생긴다는 것도 이미 잘 알려진 사실이다.

근육이 쇠약해지거나 신경에 염증이 생기는 각기병은 비타민B의 부족이 원인이다.

임산부에게는 무엇보다도 칼슘을 공급해 주어야 한다는 것도 상식이 되었다.

비타민 A가 결핍되면 시력이 저하되며, 건강을 유지하기 위해서는 단백질을 적당히 섭취해야 한다.

이러한 것들은 모두가 건강한 신체를 유지하는 데 필수적인 것이다.

이처럼 우리의 정신이나 감정에도 날마다 균형 잡힌 영양을 공급해 주어야 한다.

사랑과 평화는 정신적인 음식물이다

영양학에 관한 책을 저술한 사람을 아는데, 그는 불행하게도 심한 위궤양에 시달리고 있었다.

의사는 식이요법을 써서 하루에 섭취할 간단한 음식물을 식단으로 짜서 그에게 권했다.

그는 8개월 동안 그 지시를 따랐다.

그러나 병은 잠시 차도를 보이다가 다시 악화하곤 했다.

사실 그 병은 그의 성격이 원인이었다.

그는 불의를 보면 참지 못하는 성격을 갖고 있었다.

범죄나 비인간적인 행위, 또는 부정적인 것에 관한 뉴스를 접하게 되면, 갑자기 독설과 욕지거리를 퍼붓고, 자기 자신의 분개를 알리기 위해 신랄한 편지를 보내곤 했다.

그럴 뿐만 아니라, 일상 속에서 생길 수 있는 자잘한 번민이나 언쟁 등이 그의 병을 더욱 악화시키고 있었다.

그는 내가 충고한 대로 자기의 정신적·감정적인 음식물을 완전히 바꾸기로 했다.

그의 다음과 같은 자기 암시를 반복함으로써 자신의 마음에 영양을 부여하였다.

'마음속에 생기는 부정적인 감정을 바꾸고야 말겠다. 이제부터 어떤 뉴스나 선전, 또는 비판에 대해서도 나는 부정적으로 반응하지 않겠다. 만일 내가 부정적인 말로 싸우려고 한다면, 스스로 강력하게 제지할 것이다.'

그는 또 스스로, "나를 통해 하느님의 생각과 말과 행동이 이루어진다. 하느님의 평화가 나의 마음속으로 스며들고, 나는 목표한 대로 평화와 조화를 지키겠다." 하고 뚜렷하게 말할 것을 결심했다.

이와 같은 말을 반복하는 동안, 사랑과 평화가 그의 정신적인 음식물이 되었고, 마침내 그의 고질적인 위궤양이 깨끗이 사라지게 되었다.

날마다 정신과 감정 속에 특별한 음식물을 공급하라

의학자나 과학자들의 보고에 의하면, 사람의 신체는 11개월마다 아주 새롭게 바뀐다고 한다.

항상 당신은 새로운 세포를 만들어 내고 있다.

따라서 인생을 밝게 만드는 미덕이 마음속에 가득 차게 한다면, 당신의 신경계통을 통하여 구석구석 영양이 공급되고 재생된 당신의 세포는 활력이 넘치게 된다. 당신은 날마다 정신과 감정 속에 특별한 음식물을 공급해야 한다.

당신은 날마다 오감에 의하여 소화하기 힘들 정도로 많은 소리를 듣고 사물을 보게 되며, 선악이 포함된 온갖 생각이 영양으로 공급된다.

그러나 그것은 대부분 영양가가 낮은 음식물이다.

당신은 하느님을 향해 진리의 입장에서 좀 더 도움이 되는 영양가 있는 음식물을 공급하지 않으면 안 된다.

이를테면, 여러 번 되풀이해서 정성껏 다음과 같이 확신하는 것이다.

'나는 지금 하느님에 의해 인도되고 있다. 내 마음은 하느님의 사랑으로 가득 차고, 하느님의 격려를 받으며, 나의 앞날에 광명을 비추고 있다. 나의 사랑과 평화가 사방으로 뻗치고 있다. 언제든지 나의 생활은 하느님의 법률로써 지배되고 있다.'

이것을 지속해서 반복한다면, 반드시 당신 앞에 빛나는 미래가 펼쳐질 것이다.

자기 암시로 광장 공포도 고칠 수 있다

자기 집 밖으로 한 발자국도 나가지 못하는 사람이 뉴욕에 있었다.

거리에도 나가지 못하고 심지어는 뒤뜰에도 가지 않았다.

밖으로 나가려고만 하면 뭔가 나쁜 일이 일어날 것만 같고 정신을 잃을 것만 같다는 것이었다.

이것은 '광장공포증'라고 불리는 정신병의 일종이다.

오래전에 있었던 사건이 이 병의 원인이 되었다.

그는 다섯 살 때 숲속에서 몇 시간 동안 길을 잃고 헤맨 적이 있었다.

잠재의식이 그 당시의 기억과 다시 경험하고 싶지 않은 그의 감정으로 인해 상처를 입게 된 것이다.

나는 그에게 자기 암시 요법을 가르쳤다.

그는 내가 지시한 대로 올바른 상상을 함으로써 이 병으로부터 해방될 수 있었다.

내가 그에게 지시한 자기 암시는 다음과 같다.

'나는 하루에 세 번 10분간씩 책을 읽으며 버스를 타고 있다. 백화점에 들어가 쇼핑을 하고 있다. 도서관에 들어가 있다. 슈퍼마켓에서 채소나 과일 등을 사고 있다. 친구의 집을 찾아간다.'

그러는 동안 차츰 그 상상을 실제로 느낄 수 있게 되었다.

이 자기 암시 때문에 그의 잠재의식 속에 남아 있던 그 당시의 공포감과 몇 년 동안 심리 속에 도사리고 있던 공포감이 서서히 사라지게 되었다.

그의 상상과 실감했던 것이 모두 현실로 나타났다.

놀라운 건강미를 만들어 주는 기도

다음과 같은 기도를 몇 번이고 되풀이하라.

그러면 당신은 하느님과 더불어 존재함을 느끼고, 당신이 섭취한 음식물로 인해 놀라운 건강미가 만들어질 것이다.

"나는 마음속 깊이 하느님의 존재를 감사드린다.

나는 마음속으로 하느님의 은총에 대해 진심으로 감사를 드린다. 또한, 인생 속에 드러나는 모든 선善에 대해 감사를 드린다. 나는 기쁨이 넘쳐흐르는 생활을 한다.

하느님에게 감사를 드리면 그것은 위대한 힘이 되어 나에게 돌아온다. 날마다 나는 마음의 법칙과 정신의 작용에 대해 깨닫게 된 것을 감사하고 있다.

우선 감사하는 마음을 갖게 되면 그것이 말로써 표현된다.

나의 고양된 정신은 내 마음속에 있는 하느님의 무한한 보고寶庫를 열어주며, 기도 속에 깃들인 마음의 신앙을 나타내 준다.

하느님이 나의 한가운데에 존재함을 마음속 깊이 감사드린다. 나는 하느님이 존재함을 확인하였다. 나의 기도를 들은 하느님이 나를 모든 공포로부터 구출했다."

감사할 줄 아는 사람은 모든 사고와 행동을 하느님과 함께한다는 사실에 크나큰 기쁨을 느낀다.

꼭 기억해야 할 사항

① 당신의 경험이나 환경, 그리고 사건이 정신생활의 양식이 된다.

② 모든 생물은 식물이 있는 장소로 모이기 마련이다. 사고가 고뇌나 질병을 부르게 되지만, 이것을 기르는 것은 부정적이고 소극적인 마음가짐이다.

③ 당신의 생활은 심리적·정신적으로 무엇을 먹고 있는가에 따라 결정된다. 항상 음식을 섭취할 때는 기쁨과 감사의 마음이 가득 차야 한다.

④ 음식물은 우리의 신체에 있어서 대단히 중요하다. 그러나 무엇보다 중요한 것은 정신에 영향을 공급하는 것이다.

⑤ 오감을 통하여 느낄 수 있는 소극적이고 부정적인 요소들은 얼마든지 바꿀 수 있다. 즉시 그것을 시도하라.

⑥ 우리의 신체는 11개월마다 새로워진다. 진실이 마음속에 가득 차도록 한다. 그러면 언제나 당신은 활력이 넘치는 신체와 마음을 지니게 된다.

⑦ 머릿속에 암기해 두는 것만으로는 도움이 되지 않는다. 좋다고 생각한 것을 마음속에 긍정적인 사고가 충만케 하고 그것을 완전히 자기 것으로 만들어야 한다. 그러면 잠재의식 속에도 그것이 녹아 흘러 들어간다.

⑧ 머릿속에 든 지식이 잠재의식마음까지 전달되도록 하라. 그러면 기도에 대한 효과도 나타나게 되며, 머릿속의 지식이 마음의 지식을 바꾸게 된다.

⑨ 항상 진실하고 고귀하고 고결한 하느님의 목소리에 귀를 기울이면 공포는 사라지게 된다. 마음속에 공포가 도사리게 되면 하느님에 대한 믿음을 회복하라. 그러면 공포 따위는 사라지고 말 것이다.

⑩ 혼란스럽고 그릇된 상상을 함으로써 공포가 생기게 된다. 내키지도 않는 일을 시도하고자 할 때 절망적인 공포가 뒤따르는 것이다.

⑪ 하느님에게 다가서는 길은 언제나 감사의 마음을 지니는 것이다. 항상 하느님에게 감사하는 마음을 가지고 축복하도록 하라.

13

확고한 안정감을
가지는 비결
These truths can change your life

당신이 인생에 대하여 대응하는 방식에 따라 평생 안정된 마음으로 살아가느냐, 불안 속에서 살아가느냐가 결정된다.

캘리포니아 의대의 교수가 내게 다음과 같은 말을 한 적이 있다.

"엄청난 공포를 느끼고 있거나 만성적인 신경쇠약에 시달리는 사람, 조현병 환자들은 하나같이 확고한 안정감을 느끼고 있지 못합니다. 항상 인간의 행동을 지켜보고 있는 하느님의 힘을 믿고 그것에 의지할 때 확고한 안정감도 생겨나지요."

만일 당신이 자기 마음속에 존재하는 위대하고 굉장한 힘을 부정한다면 자기 혼자만이 더 큰 곤경에 처하는 것처럼 여겨지며 항상 자기 힘을 분열시킴으로써 문제 해결에 실패할 것이다.

실제로 살아가면서 만나는 온갖 번민이나 문제가 결과임에도 불구하고 원인으로 간주하기 때문에 불안감이 싹트는 것이다.

안정감을 활용할 수 있는 방법

우선 참된 안정감이란 모든 혜택의 최고가 되는 하느님과 자기가 하나임을 느껴야 한다는 사실을 인식해야 한다.

여기에 소개되는 어떤 원리를 실제로 적용함으로써 안정감을 즉시 느낄 수 있는 놀라운 방법을 지닐 수 있다.

전지전능한 힘으로 하느님과 함께 전진하고자 하는 욕구는 누구에게든 있을 것이다.

그렇다면, 지금 곧 하느님과 하나가 되어 그 기적적인 힘을 끌어내면 그만이다.

당신은 지금 인생이라는 넓은 바다의 한가운데로 떠오르는 중이다. 도중에 큰 파도를 만나 당신은 그 속으로 빨려 들어갈 수도 있다.

그 속에서도 당신은 살아 움직이며 생활을 꾸려 나가는 것이다.

무한한 힘은 외부에 의해서 그 어떤 상처도 입지 않으며, 절대로 패배하지 않는다는 사실을 명심해야 한다.

만일 당신의 생각이나 느낌을 전지전능한 하느님의 힘과 일치시킨다면 훨씬 강한 힘을 갖게 된다.

하느님은 마음속에서 서서히 당신에게 손짓하면서 다가오고 있다. 또한, 항상 당신의 물음에 해답을 주고자 하며, 이것이 최상의 상태인 것이다.

마음속에 내재한 하느님의 존재를 느끼고 인색해야 하며 항상 당신의 생각이나 감정이 하느님과 일치되도록 해야 한다. 그래야만 당신의 인생 속에서 하느님의 힘과 지혜가 작용하여 발휘되는 것이다.

그런 마음가짐이 되면 비로소 당신은 마음속 깊이 편안함을 느끼게 되고 어떤 것에도 흔들리지 않는 안정감을 지니게 된다.

또한, 이 안정감이야말로 당신의 이해를 돕기 위해 필수적인 것이다.

바라지 않는 일을 말하지 말라

내 친구의 경우를 실례로 들어 보겠다.

내 친구 한 명이 소송으로 인해 법정에서 다투게 되었다.

그것이 계속해서 시간을 끄는 바람에 많은 돈이 들어가게 되었다.

변호사가 소송에 패할 가능성이 크다고 말했으므로 그는 무일푼이 될 처지에 놓이고 말았다.

그러자 그는 흥분한 얼굴로 나를 찾아와 이렇게 호소했다.

"이젠 도저히 가망이 없어. 죽음을 택하는 것 말고는 방법이 없군."

그의 말을 듣고 나서 나는 이렇게 충고했다.

"자넨 너무 비관적이군. 자네의 그런 태도 때문에 이 지경이 된 게 아닌가?"

그는 항상 부정적인 말을 해서 스스로 곤란한 상황으로 이끌어 가고 있었다.

나는 그에게 간단히 물어보았다.

"만일 이 소송이 자네가 바라는 대로 된다면, 그때 자네 입에선 무슨 말이 나오겠는가?"

"그야 물론 기뻐 날뛰겠지. 이제는 바랄 게 없다며 무척 기뻐하겠지."

그는 말로는 계속 안 된다고 하면서도, 소송에서 이길 방법이 없겠는가

하는 희망이 마음속에 일고 있음을 깨달았다. 그는 내가 지시한 대로 다음과 같은 기도를 규칙적으로 되뇌곤 했다.

"나는 지극히 현명하신 하느님의 도움을 받아 소송에 이기게 된 것을 진심으로 감사드립니다."

그는 계속해서 이러한 기도를 되풀이했다.

그리고 난처한 일이 생기고 시간이 오래 걸린다든지, 의문이나 두려움이 생기고 사건이 진전되지 않을 때마다 이런 기도에 들어 있는 진실을 인정하곤 했다.

그는 조금이라도 비관적이거나 소극적인 말은 입 밖에 내지 않기로 했다. 마음속에서 우러나오는 생각과 감정에서 분명히 알 수 있듯이 자기는 반드시 승소한다고 되뇌었다.

진실로 바라지도 않는 일을 말하는 게 얼마나 자기에게 불리하게 작용하는지 깨달았다.

소송에서 이기게 해 달라고 진심으로 원하고 말을 할 때 비로소 하느님의 영향력이 올바르게 행사되는 것이다.

이윽고 뜻밖의 기록이 발견되고 그는 소송에 이기게 되어서 재정적인 손해 없이 결론이 났다.

그는 항상 하느님과 함께하고, 통일·조화·공정·정의가 행해지고 있음을 깨닫게 되자 안정감도 얻을 수 있게 되었다.

그는 이 세상을 움직이는 하느님의 무한한 힘에 맞설 수 있는 것은 존재하지 않는다는 사실을 깨닫고 인정할 수밖에 없었다.

고민과 공포 속에서 헤어나는 기도

최근 한 청년이 나를 찾아와서 이렇게 호소했다.

"내 목숨을 지탱해 주고 있는 생명줄이 끊어질 것만 같습니다. 나는 이제 가망이 없습니다."

그는 고민과 공포 속에서 헤어나지 못하고 있었다.

그의 주위 사람들은 그가 오랫동안 환자인 상태로 있었기 때문에 회복될 수 없다는 생각을 하고 있었고, 그러한 생각은 그에게도 전염되었다.

그의 주치의가 그것을 알아채고 그를 가족들과 떼어놓았다.

"'이젠 더는 가망이 없어, 회복되지 못해'라는 가족들의 부정적인 말과 태도가 당신의 잠재의식 속에 스며들고 있다. 그런 말에 귀를 기울이고 있으면 당신은 절대로 낫지 못한다."

나는 그에게 설명해 주었다.

당신의 몸을 창조한 하느님은 당신의 병도 고치는 치유력 또한 하느님이 가지고 있다. 그것을 깨닫지 못한 것이 바로 불안의 원인이 되었다.

그는 자기 자신의 잠재의식에 지금까지와는 아주 다른 태도로 속삭였다.

그는 마치 갈증을 해소하기라도 하듯 집중해서 나의 말에 주의를 기울였다.

나는 그에게, 차분한 마음으로 애정을 갖고 내가 일러 준 기도를 천천히 반복하도록 지시했다.

"나의 육체를 창조한 하느님은 지금 나의 혈액을 새로 공급하는 중이다. 하느님의 치유력은 나의 병을 회복시킬 수 있으며, 나는 날마다 몸의 세포

하나하나를 재생시키고 있다. 나는 '이젠 완전히 건강을 되찾았습니다'라는 의사의 말을 들을 수 있다. 나는 이런 장면을 마음속에 새겨 두고 있다. 나는 또렷하게 얼굴이 보이며 확실한 그의 목소리를 듣고 있다. '이제 당신은 완쾌되었소. 정말 이건 기적과도 같은 일이오!' 나는 잠재의식 속으로 나의 건설적인 상상이 흘러 들어가 실제로 나타나고 있음을 인식하고 있다. 어떤 것이라도 치유할 힘은 지금 내 몸 안에 생기를 불어넣고 모든 부정적인 증세들을 쫓아내 버린다. 나는 이것을 확신하며 느낄 수 있다. 뚜렷한 나의 목표는 완전하게 건강해지는 것이다."

그는 하루에 4~5회씩, 10~15분 정도, 특히 잠들기 전에 되풀이했다.

그러나 그때까지 부정적인 사고가 굳어졌던 그는 가끔 거칠어져 중심을 잡지 못한 채 번민에 빠지기도 하고 원망을 토로하기도 했다.

또 매사를 남의 탓으로 돌리며 회복을 의심하기도 했다.

이런 부정적인 사고가 들어설 때마다 그는 다음과 같은 명령을 스스로 내리곤 했다.

'그만! 나는 자기의 생각·상상·해답과 같은 모든 것을 다스리고 있다. 모두 나의 명령에 따라야 해. 이제부터 나의 모든 생각이 하느님과 그 전능하신 힘을 소유하게 된다. 이것은 잠재의식에까지 전달된다. 필요하다면 하루에 몇 백 번, 몇 천 번씩 이 말을 반복할 것이다.'

그의 혈액은 3개월 만에 정상으로 돌아왔다.

그의 적극적이고 긍정적인 정신 자세는 명상과 기도를 계속함으로써 확립된 것이다.

그는 성격에 나오는 다음과 같은 진리를 증명해 보였다.

"네 믿음이 너를 구원하였다."

<마태복음> 제9장 22절

당신이 소유하고 있는 주식·사채·토지·가옥 등에 의한 안정감을 찾게 되는 것이 아니다.

하느님의 사랑을 성실과 신뢰로써 확신하고, 당신에게 필요한 것은 무엇이든지 하느님에 의해 공급된다는 믿음을 가질 때 비로소 안정감이 찾아오는 것이다.

신용에 의해서만이 안정감이 보장된다

아무리 훌륭한 정부라 할지라도 당신 마음속의 평화·행복· 환희·안정까지 완벽하게 보장할 수는 없다.

당신 자신도 앞으로 어떠한 사건과 만나게 되고 직접 경험하게 될 것인지 모르는 일이다.

예측하기 어려운 지진·화재·태풍·홍수가 일어나서 수많은 인명을 빼앗고 도시가 파괴될 수도 있다.

전쟁에 대한 공포와 국제적인 분쟁으로 인해서 혼란에 빠지고 파탄에 이를지도 모른다.

물질적인 소유는 전부 불안정할 수밖에 없다.

은행의 예금이나 주식·현금까지도 안심할 수 있을 정도로 안전하지 않다.

예컨대 10달러짜리 지폐도 정부의 보증과 중앙은행의 교환 약속이 있으

므로 통용되는 것이다. 그런 보증이 없다면 은행이나 개인이 발행한 수표
는 고작 한 장의 종이에 불과하다.

그것을 발행한 사람과 은행의 신용에 의해서만이 그 가치가 보증되는 것
이다.

기도와 명상으로 주의를 집중하라

만일 당신이 하루에 몇 번씩 과학적인 기도와 명상으로 주의를 집중한다
면, 반드시 당신의 마음가짐은 변하게 된다.

예기치 못한 사고나 온갖 재해로 인해 고통을 받는 일도 사라지게 된다.

하느님은 항상 우리에게 모든 것을 나누어 준다는 사실을 충분히 인식하
고 행동하도록 한다.

당신의 행동을 전능하신 하느님은 빠짐없이 지켜보고 있다.

가난 같은 것은 조금도 두렵지 않고, 필요한 돈은 당신의 손에 쥐어진다
는 생각을 마음속에 새기도록 한다.

이를테면, 지금까지 당신에게 수입을 가져다주었던 유전이 바닥이 났다
고 가정해 보자.

그것은 받아들여야 할 하나의 상황이며, 앞으로 어떤 방법으로 돈을 벌
게 될지는 모르는 일이다. 그 수입은 그동안 유전에서 벌어들인 만큼 들어
올 수도 있다.

만일, 당신에게 필요한 것은 언제든지 하느님에 의해 들어온다는 신념이
당신의 마음속에 확립되어 있다면 당신은 부유하게 될 것이다.

어떠한 방법으로 그 부가 들어오게 될지는 알 수 없지만, 필요한 돈은 당신을 찾아오게 된다.

안정과 균형이 조화를 이루게 하는 기도

2, 3주일 전에 한 사람이 나를 방문해 성공과 실패가 자꾸만 되풀이된다고 호소하였다.

"어떤 때 주식에 투자해 수입을 올렸다가도 곧바로 전부 날려 버리기가 일쑤입니다. 또 어떤 때는 활력이 넘칠 정도로 최상의 몸 상태를 유지하다가도 주기적으로 병이 나서 입원하게 됩니다. 행복과 불행은 동전의 양면과도 같은 것이라지만, 나의 경우는 그런 상태가 너무 빈번한 것 같습니다. 어떻게 방법이 없겠습니까?"

그래서 나는 그에게, 누구에게든지 그러한 부침浮沈은 있는 것이며, 안정과 균형이 조화를 이루는 생활이 가능하다는 것을 설명해 주었다.

많은 사람이 즐겁게 하루를 보낸 이후에는 생각지도 않은 불운이 잇따라 찾아오는 불안정한 생활을 하고 있다.

이른바 '어두운 월요일'에서 '밝은 화요일'의 생활이 반복되는 것이다. 변화나 도전, 문제가 발생하지 않는 인생이란 너무 단조롭고 무의미하다는 것을 그 역시 알게 된 것이다.

비극·재해災害·돌발 사고 같은 것은 대부분 사람에게 나타난다.

하지만 우리의 감정적인 반응 작용을 다스릴 수 있다면 그러한 부침을 줄일 수도 있다.

그가 우선으로 해야 할 일은 정신적·감정적으로 자기 자신을 다스릴 수 있도록 훈련을 하는 것이었다.

그는, 마음의 평정은 급격한 환경의 변화 속에서도 유지할 수 있음을 깨달았다.

인간의 영고성쇠·행복·불행에 대한 아우렐리우스의 명언이 있다.

'무슨 일이 일어나든지 간에 참지 못하는 일이란 있을 수 없다.'

위대한 작가인 로버트 루이스 스티븐슨은 그 대표적인 작품《보물섬》을 집필 중일 때 폐병에 시달리고 있었다.

나는 그의 마음속에 존재하는 하느님의 힘과 지혜가 필요할 때 그것을 이용할 수 있는 문구를 일러 주었다.

그는 날마다 되풀이해서 성의를 다해 기도했다.

'나는 나의 마음속에 있는 하느님의 마음으로부터 나의 내적인 소망이 솟아나고 있음을 안다. 하느님은 나의 행복을 기도해 주고 있다. 하느님이 나를 위해 기도하는 것은 생기와 진실, 사랑과 아름다움이다. 지금 나는 선의로 충만해 있으며, 나를 통해서 하느님의 의지가 전달되고 있다. 바로 나 자신에 의해 하느님이 표현되고 있다. 나는 하느님에 의해 올바른 곳으로 인도되고 언제든지 소망을 이룰 수 있다. 나는 다른 사람들의 말에는 주의를 기울이지 않는다. 나의 마음은 항상 하느님과 교류하며 하느님의 지혜와 이성이 나를 통해서 나타나게 된다. 내 마음속에 내재한 하느님의 아이디어는 지속해서 솟아난다. 나는 언제나 마음이 안정되어 있으며, 안정되고 침착한 상태가 유지된다. 하느님은 언제든지 내게 필요한 해결책을 알려 주고 있다. 나는 하느님의 창조물로서, 나의 활동은 곧 하느님의 활동인 것이다. 나는 하느님의 리듬을 느끼며 살아간다. 나는 하느님이 나에게 속

삭이는 사랑의 말을 들을 수 있다.'

마침내 기복이 심했던 그는 아주 안정된 생활을 하게 되었다.

불안을 쫓아내는 4단계 법칙

최근에 어느 장례식에 참가했다가 한 젊은 여성의 하소연을 듣게 되었다.

"아버님께서 유산을 모두 동생에게 물려준다는 유언장을 다시 작성해 두었답니다. 전 아무것도 물려받지 못했어요. 적어도 유산의 절반은 나에게 돌아올 줄 알았다고요."

그녀는 마치 엄청난 손실이라도 당한 것처럼 여겼으며, 앞날을 걱정하고 있었다.

나는 그녀의 말을 듣고 나서 설명해 주었다.

"만일, 우리의 마음가짐에 주의를 기울인다면 두려움이 하느님이나 선의에 대한 믿음으로 변할 것입니다. 손해를 본 게 없다는 생각을 가지면 실제로 그렇게 됩니다. 마음을 통해 모든 경험이 느껴지기 때문입니다."

이를테면, 손목시계를 잃어버렸다고 가정해 보자.

그 잃어버린 시계는 어딘가에 있을 것이다.

단지 지금 그 시계가 있는 장소를 모르고 있을 뿐이다.

길거리에 떨어뜨렸을 수도 있고, 또 소매치기를 당했을 수도 있다.

어쨌든 그 분실된 물건은 어딘가에 있는 것이다.

하느님의 눈으로 본다면 그것은 분실된 것이 아니다.

"나 여호와는 아무것도 잃는 일이 없느니라."

우주에 존재하는 모든 것들 속에 하느님의 의지는 살아 있으며, 그 속으로 흘러 들어간다.

분실된 손목시계와 마찬가지로 마음속에 있는 생각도 그런 경우이다.

예를 들어, 물질인 손목시계가 파괴된다 하더라도, 마음속에 존재하는 시계는 나중에 수만 개라도 만들어 낼 수 있다.

하느님은 아무것도 잃어버리지 않는 법이다.

그녀는 정신적으로 자기 자신을 끊임없이 괴롭혀 온 '유산을 받지 못해 손해를 보았다'는 생각을 버리기로 했다. 불안을 마음속에서 쫓아내 버리기로 한 것이다.

제1단계는 마음의 법칙부터 제대로 이해하는 것이었다. 즉, 손해를 보았다고 느낀다거나, 큰 손해에 대한 두려움만 가지지 않는다면 아무도 우리의 마음속에서 그 무엇인가를 도둑질해 가지 못한다는 것이다. 손해를 보았다는 생각이 없다면 실제로 손해가 없게 된다.

제2단계는 하느님이 가진 풍부한 부富가 마음속으로 흐르도록 하는 일이다. 자기와 동일체인 하느님의 풍요한 정신이 잠재의식 속에 스며들게 하고, 그것을 실제로 나타내 보이는 것이다.

제3단계는 하느님이 우리가 필요로 하는 것은 무엇이든지 안겨 준다는 확신하고, 하느님의 부富가 자기의 인생 속에 흘러들어온다고 생각하는 것이다.

이처럼 3단계를 거치는 동안 그녀는 마음가짐이 새로워졌고, 손해를 보았다는 생각이 사라지게 되었다.

그녀의 마음은 이 세상에 존재하는 한 가지, 하느님의 마음으로 향할 수가 있다.

하느님의 무한한 마음이, 동시에 두 갈래로 나누어진다는 생각처럼 어리석은 일은 없다.

그리고 그녀는 제4단계로서 다음가 같은 기구를 이용했다.

하느님은 나를 주의 깊게 지켜보고 있다. 그 사실을 확신하자 비로소 안정감이 찾아왔다.

하느님의 존재를 인식하고 느낄 수 있을 때 나에게 가장 중요한 안정감이 시작된다.

하느님이 모든 생명의 원천이며, 모든 축복을 내려 주고 있음을 마음속에서 느낄 수 있다.

하느님은 나를 위해 존재하며 항상 나와 함께 있다. 하느님은 언제든지 나를 지켜보고 있다.

하느님은 나를 뒷받침해 주고 내게 필요한 것을 안겨 준다.

하느님은 나를 사랑으로 보살피고 있다.

하느님이 바라는 것은 무엇이든지 이루어지므로 나의 소망도 모두 이루어진다.

나는 하느님에 의해 생각과 정신이 바뀌게 되었다. 내 인생 속에서 하느님의 은혜와 선의가 사라지지 않는다.

나는 날마다 하느님과 더불어 존재할 것임을 매우 기쁘게 받아들인다.

그로부터 한 달 후, 그녀는 로스앤젤레스에서 열린 정치적 리셉션에 초대를 받아, 거기에서 훌륭한 의사를 만나게 되었다.

두 사람은 만난 지 2개월 만에 결혼하기에 이르렀다.

그는 그녀에 대하여 다음과 같이 말했다.

"그녀는 내가 아는 여성 중에서 가장 정신적으로 완전한 사람이다. 그녀의 침착한 태도, 마음의 안정, 믿음직한 자신감, 부드러운 느낌에 강력하게 이끌렸던 것입니다."

그녀의 기도는 이런 식으로 실현되었다.

인생은 굉장한 시장과도 같다.

성공과 실패·질병·투쟁·불운 등, 가끔 우리의 존재를 위협하는 모든 호소는 자기 자신의 잘못된 마음가짐으로부터 비롯된다. 그릇된 것을 믿게 되면 하찮은 일로 시달리게 된다.

당신 속에 하느님의 세계가 존재한다

하느님과 더불어 생각하고 하느님과 박자를 맞추어서 다음과 같이 대담하게 주장하라.

'나는 하느님과 함께 소리 높여 행복의 노래를 부르게 되었다.'

당신 자신 속에 전지전능한 하느님이 존재하고 있다.

하느님의 힘을 모두 활용할 수 있으므로 당신에게는 빛나는 훌륭한 인생이 기다리고 있다.

당신의 인생 속에서 하느님의 지혜와 힘, 그리고 빛을 얼마든지 활용할 수 있다.

만일 당신이 사용하지 않는 근육이 있다면, 그 근육은 퇴행해서 위축되고 말 것이다.

당신의 정신이나 감정도 마찬가지이다.

사용하면 할수록 한층 더 쓸모 있게 되지만, 사용하지 않는다면 아무 소용이 없는 것이다.

당신의 사고 방식·태도·동기·반작용이 하느님의 의지와 반대된다면 하느님과 접촉할 수 없게 된다.

또한, 당신은 공포에 휩싸이게 되며, 반항적이고 위축되어 완전히 의기소침한 사람이 된다.

마음을 차분히 한 다음 그 속을 들여다보라.

바로 당신 속에 하느님의 세계가 존재한다.

당신 자신의 마음속에 시련을 극복하고 맞설 수 있는 하느님의 힘이 존재하고 있다.

건전한 마음을 가지려면

① 고민이나 공포는 하느님과 함께 존재하지 않는다는 그릇된 생각에서 나온다. 하느님에게 고민도 공포도 없다.

② 안정함은 하느님과의 일체감에서 생기는 것이다.

③ 마음 한구석에 도사리고 있는 당신의 생각을 당신의 소망과 일치시켜야만 한다. 일치되어야지만 기도에 대한 해답이 나타나는 것이다.

④ 항상 마음속으로 자기의 말을 부정한다면 병은 치유되지 않는다.

⑤ 주식이나 사채나 토지가 참된 안정감을 가져다주는 것이 아니다. 모든 것을 가져다주는 하느님을 믿고 의지할 때 비로소 참된 안정감이 찾아오게 된다.

⑥ 재산이나 평화, 그리고 행복을 정부가 보증해 주지는 않는다. 마음가짐을 어떻게 가지느냐에 따라 안정감·평화·기쁨·건강 등이 생길 수 있다.

⑦ 하느님에 의해서 당신의 모든 것이 보인다. 하느님과 더불어 존재한다는 사실을 깨닫게 되면 당신은 투자한 것을 되돌려 받게 된다.

⑧ 당신은 하느님의 법칙으로 다스려지고, 하느님에 의해 움직이고 인도된다는 것을 깨달을 때 성공과 실패가 되풀이되지 않는다. 마음의 균형을 기도로써 바로잡아야 한다.

⑨ 하느님은 우리에게 언제까지나 모든 것을 주고 있음을 믿을 때 공포가 사라지게 된다. 신뢰와 고요 속에서 힘이 솟아나는 것이다.

⑩ 하느님과 더불어 존재함을 깨닫고, 하느님의 힘과 지혜는 어떤 문제라도 해결할 수 있음을 알았을 때, 그때 비로소 당신의 빛나는 인생의 문이 열리게 된다.

14
공포를 이기는 놀라운 힘은
사랑에서 비롯된다
These truths can change your life

건강하고 생기에 넘치는 생활을 바란다면, 이 세상에는 보이지 않는 놀라운 힘이 존재하며, 그것은 사랑에서 비롯된다는 것을 진심으로 인정하지 않으면 안 된다.

이 세상에서 가장 소중한 것은 사랑이며, 그것은 모든 것을 다스리고 무한한 생명력을 지닌 법칙이다.

사랑의 놀라운 힘이 항상 당신을 따라다니고 있음을 확신해야 한다.

현재 당신은 사랑과 함께 존재하며 막강한 군대의 지원을 받는 것이다.

사랑이 할 수 있는 열쇠

사랑은 애정의 결합으로서 어떤 대상을 필요로 한다.

사람들은 저마다 예술이나 음악, 이상이나 사업에 대한 애정을 갖게 마런이다.

과학에 이끌리기도 하고, 영원한 진리에 대해 강한 애착을 느낄 때도 있는 것이다.

아인슈타인은 수학의 원리를 사랑했다.

그래서 수학은 그에게 비밀의 문을 열도록 해 주었다.

바로 이것은 사랑이 할 수 있는 열쇠이다.

천문학자는 천체天體 과학을 사랑함으로써 천체의 비밀을 확실히 밝힐 수가 있다.

당신은 다시 태어나 새로 시작할 수 있다

자기 자신이 낡고 그릇된 관념에 사로잡혀 있다면 좋겠는가?

당신은 현재 자기 자신이 처한 상황에서 벗어나고 싶지는 않은가?

당신은 새로운 아이디어를 발견하거나 새로워진 마음으로 창의력을 발휘할 생각은 없는가?

자기 자신의 마음을 활짝 열어 놓은 채 모든 것을 수용할 수 있는가?

만일 그렇다면, 후회·애착심·공포·증오 등과 같은 것은 모두 내버려야 한다.

로스앤젤레스에서 뉴욕까지 가고자 한다면, 우선 출발을 로스앤젤레스에서 해야 한다.

이와 마찬가지로, 새로운 사람으로 다시 태어나고 싶다면 공포나 증오 대신, 조화·건강·평화·환희·사랑·선의 등과 같은 것을 마음속에 가득 채워야 한다.

그러면 당신의 인생은 환희로 가득할 것이다.

대사臺詞를 잘 잊어버리는 연예인

"저는 틀렸어요. 영화 대본을 받으면 틀리기 일쑤입니다. 저는 항상 대사를 잊어버리기만 하니 어쩔 수가 없어요."

이 경우, 항상 대사를 잘 잊어버린다는 그의 걱정으로 인해 실수를 더 하게 되는 것이다.

그래서 그는 자기 자신을 완전히 바꾸어 보기로 했다.

연극과 연기에 대한 애정을 갖고 새로운 자기 자신을 사랑하기로 단단히 결심한 것이다.

현재 그는 위대한 예술가가 되어 명성을 떨치고 있다.

잠들기 전에 중점적으로 기도하라

그는 나의 가르침대로 하루에 서너 번씩 조용한 방에 홀로 앉아 있었다.

아무런 방해 없이 의자에 앉은 다음 몸을 완전히 편안한 자세로 만들었다.

육체적인 안일安逸함이 그의 마음의 문을 열게 하고 그의 신념을 더욱더 강화했다.

그는 5분 정도 자기 자신을 향해 중얼거렸다.

'현재 완전히 편안한 상태인 나는 지금 아주 안락하다. 나의 마음은 고요하고 침착한 상태로 균형을 이루고 있다. 나는 무대에서 아름답고 멋진 노래를 부른다. 나의 연기에 감격한 관객들은 막이 내리는 순간 우레와 같은 박수를 보내 준다. 내 마음속에는 평화로 가득하다.'

이 같은 기도를 그는 일주일 내내 방 안에 들어앉아서 반복했다.

특히 잠들기 전에 집중적으로 기도했다. 그것을 확신 속에서 지속하게 되자 마침내 그는 엄청난 성공을 거두게 되었다. 지금 그는 수많은 팬의 성원 속에서 이름을 날리고 있다.

'하느님'과 '선善'이라는 말은 모두 같은 뜻이 있다.

현재 당신이 정신적이나 감정적으로 성실·공정·선의·청렴· 행복하다면 틀림없이 하느님을 사랑하고 있다.

그것은 바로 당신이 선을 사랑하고 있기 때문이다.

'하느님은 마음속에 내재한 전지전능하신 존재로, 거기에는 대립이나 분열은 일어나지 않는다'라는 위대한 진리를 믿고 깨닫게 되었다면 당신은 지금 하느님을 사랑하고 있다.

하느님을 사랑한다는 것은 이 세상 속에서 그 이외의 힘은 존재하지 않음을 수긍하는 것으로서 하느님에게 헌신과 충성을 맹세하는 일이다.

당신이 하느님의 전지전능함을 깨닫고 완전히 수용한다면 당신은 지금 하느님을 사랑하고 있다.

당신은 하느님이라는 유일한 존재에 대해서 충성을 다하는 것이다. 가끔 고요한 상태에서 마음을 가라앉힌 다음 생각을 모으도록 한다.

'우리가 깨닫는 모든 것은 하느님의 일부분이 표현된 것이며 유일한 힘

이다'

이런 위대하고 창조적이며 흥미진진한 진리를 떠올려 본다.

사랑과 공포가 병존하는 일은 없다

런던에 있는 캑스턴 홀에서 만난 어떤 여배우가 내게 말했다.

그때 나는 〈잠재의식의 힘〉에 대한 강연을 계속하고 있었다.

"사랑과 공포는 함께 존재할 수 없다는 선생님의 강연을 들었어요. 지금 저는 공포로 가득 차 있으므로 저에게 훌륭한 배역이 주어지지 않는 것 같습니다."

그래서 나는 그녀에게 이렇게 조언해 주었다.

"현재의 모습보다 훨씬 사랑스럽고 고귀한 존재인 자기 자신을 사랑하도록 노력하세요."

내 지시대로 그녀는 현재보다 훌륭한 자신을 사랑하기로 했다.

현재보다 훌륭한 자기 자신이란 바로 그녀 자신 속에 존재하는 하느님을 의미한다.

그녀는 자기 자신에게 무한한 재능과 아직 발휘되지 못한 굉장한 힘이 존재한다는 암시를 주입했다.

그녀는 자신을 향해 조직적이고 규칙적으로 되뇌곤 했다.

'내 안에 존재하는 하느님을 통하여 나는 무엇이든지 이룰 수 있다. 나를 통해 하느님의 연기와 생각과 말이 나온다. 나는 지금보다 훨씬 훌륭한 여배우다. 언제나 실패를 모르는 하느님과 함께 존재하는 나는 반드시 성

공한다. 하느님의 진리는 곧 나의 진리인 것이다.'

가끔 그녀의 마음속에 번민과 공포가 들어서게 되면 그녀는 이렇게 속삭였다.

'나의 영혼은 하느님의 사랑으로 넘치고 있다.'

'하느님은 언제나 나와 함께 존재한다.'

그러는 동안 그녀의 마음속에 불안의 감정은 사라지게 되었다.

마침내 그녀는 훌륭한 배역을 맡게 되었고 경제적인 풍요도 누리게 되었다

그녀의 자기 암시가 하느님의 힘을 통해서 실현된 것이다.

이 같은 기도를 계속하는 동안 자기 자신도 위대한 배우가 될 수 있다는 자신감마저 느끼게 되었다.

사랑의 힘은 그녀를 그녀의 이상형대로 만들어 놓았다.

그녀가 애써 이상형을 좇지 않더라도 이상형대로 되는 것이었다.

사랑의 신비는 이렇게 놀라운 것이다.

사랑이 있는 곳에 공포는 존재할 수 없다. 공포와 사랑은 함께 존재할 수 없기 때문이다.

질투는 공포가 그 원인이다

셰익스피어는 이렇게 말했다.

"오, 질투를 조심해야 하느니! 질투는 파란 눈을 가진 괴물이며, 그것은 자기 몫의 고기를 마음껏 비웃고 있다."

또 밀턴은 이렇게 말하고 있다.

"질투란 상처 입은 연인의 지옥이다."

질투가 심한 사람은 자기의 음식물에 대해 자기 스스로 독을 넣어 먹는 것과 같은 행위를 하는 것이다.

질투는 정신적인 독으로서, 공포가 그 원인이 된다.

질투가 많은 사람은 다른 사람을 배척하며 경쟁자라도 생기게 되면 배겨 내지 못한다.

또한, 그들은 남편이나 아내, 연인이나 벗들의 사랑을 완전히 믿지 못하고 항상 의심에 찬 눈으로 경계를 한다.

질투는 근본적으로 마음 깊이 도사리고 있는 공포감, 타인에게 갖는 불신감과 죄악감, 그리고 자신의 부족함으로부터 비롯되는 것이다.

한 남자가 유난히 질투가 많은 아내 때문에 곤혹스럽다고 호소해 왔다.

그가 다른 여자와 교제라도 하는 것처럼 의심한다는 것이었다.

나는 그의 부탁을 받고 그의 아내를 만나, 남편에 대한 불신감과 모든 의혹은 그녀의 잠재의식에서부터 생겨나는 것이라고 설명했다.

그녀의 남편은 아내에게 지친 나머지 병원에 입원까지 하게 되었다.

그의 아내는 다행스럽게도 자기의 잘못을 깨닫고 솔직하게 시인하였다.

두 사람은 새롭게 사랑·평화·친절의 마음을 서로 주고받기에 이르렀다.

이 같은 선의로 인해 부부 사이가 평화가 깃들게 되고 부정적인 생각까지 바꿀 수 있었다.

나의 자세한 설명이 치료로 작용해, 그의 아내는 남편에 대한 믿음을 회복할 수 있었다.

질투 따위는 사랑과 신뢰가 존재하는 곳에서는 사라질 수밖에 없다.

시험의 공포를 쫓아낸 여대생의 기도

잠재의식의 힘에 대한 공개 강연을 하고 있을 때 한 여대생이 나를 찾아왔다. 그녀는 지금까지 무릎이 부들부들 떨릴 정도로 무척 두려웠던 시험에서 합격한 자신의 경우를 소개하며 이렇게 말했다.

"어떤 일을 시작하기 전에 반드시 나타나는 신호가 바로 공포인 것 같습니다."

그녀는 이성의 힘으로 이겨내기로 마음먹었다.

그래서 그녀는 기도의 문구를 중얼거렸다.

'하느님이 바로 나의 주인이다. 하느님은 아무것도 두려워하지 않으며, 지금 이곳에 존재한다. 하느님은 나의 힘이며 나의 평화이다. 하느님의 빛이 나를 감싸고 있다. 하느님의 사랑은 내 마음속에 살면서 공포를 쫓아내준다. 나는 지금 평화롭다. 하느님의 조화와 균형이 여기 나와 함께 있다. 나는 하느님과 함께 모든 시험 문제를 풀어나간다. 내가 필요로 하는 해답을 하느님의 지혜가 명백히 가르쳐 준다.'

시험에 대한 두려움으로 생생하던 공포감은 사라지고 말았다.

그녀는 하느님과 선에 대한 믿음으로 두려움을 쫓아내 버려 다시는 공포에 떨지 않게 되었다.

그리하여 그녀는 뛰어난 성적으로 시험에 합격할 수 있었다.

마음속 깊은 곳의 공포는 위험하다

일시적으로 나타나는 '무섭다·싫다·틀렸다' 등과 같은 부정적인 생각은 당신에게 상처를 입힐 수 없다.

그러나 마음속 깊이 그러한 느낌이나 사고가 도사리고 있다면 위험한 것이다.

당신의 마음속에 공포·근심·부정적인 사고가 오랫동안 지속한다면 당신은 그로부터 상처를 입게 된다.

그것은 당신에게 상처를 줄 수 있지만, 그 상처가 곧바로 밖으로 나타나지는 않는다.

만일 그런 부정적인 사고를 자기의 잠재의식에 스며든 상태로 내버려 둔다면 그 즉시 당신의 실생활에 드러나게 된다.

빛 속으로 공포를 끄집어내면 공포는 곧 소멸한다

공포를 느끼게 되면 마치 함정에 빠지거나 협박 당하는 듯한 상태가 되며, 공격적으로 변하게 된다.

이 같은 폭력성을 띤 채 강제적으로 악의 세계로 인도하는 것이다. 당신은 이런 마음속의 폭력성에 지배당하고 싶지는 않을 것이다. 그 결과에 대한 두려움으로 피하고 싶은 심정일 것이다.

태만과 암흑에 의해 뒤통수를 맞은 마음의 그림자가 바로 공포이다.

만일, 당신이 지성과 이성의 빛 속으로 공포를 끄집어낸다면 그것은 빛의 세계에서 견디지 못하고 소멸해 버린다.

당신을 지배할 수 있는 것은 당신의 마음뿐이다.

어리석고 나태하며 앞도 못 보는 공포의 괴물에게 행동까지 바꾸게 된다면 얼마나 한심한 일인가.

당신은 그런 일을 용서할 만큼 나약한 존재가 아니다.

당신은 한결 명랑하고 우수하다.

하느님의 신뢰는 공포보다 훨씬 강한 것이다.

공포란 신앙을 거스르는 행위이다.

마음속에 도사린 불길하고 캄캄한 그늘이 공포이다.

악으로 향한 신앙이 바로 공포이다.

정신적으로 거인이 되도록 하라.

하느님에 대한 믿음을 확장한 다음 주님의 힘을 끌어내도록 하라.

'하느님과 함께 있다는 것은 유리한 쪽에 속한 것이다'라는 사실을 깨닫게 되면 당신은 언제나 하느님의 보살핌 속에 있다는 믿음을 갖게 될 것이다.

그러므로 자신감 속에서 항상 승리할 수 있게 된다.

잠재의식은 항상 필요한 일만을 지시한다

열 살쯤 되었을 때 나는 정글에서 길을 잃고 헤맨 적이 있다.

나는 그저 두려움으로 떨기만 했지만 잠시 후 하느님에게 나를 지켜 주고 구제해 달라는 기도을 하게 되었다.

그러자 나는 곧 누군가의 힘에 이끌리듯이 일정한 방향으로 향하게 되었다.

나의 잠재의식이 지시하는 방향은 정확했다.

나는 길을 잃은 지 이틀 만에 기적적으로 수색대를 만나게 되었다.

나를 인도한 것은 정글로부터 탈출 방법을 알고 있는 잠재의식의 작용이었다.

잠재의식이 작용할 때 명심해야 할 것은 잠재의식은 항상 필요한 일만을 지시한다는 것이다.

그러한 결론을 분석해서 밝히는 일은 시간이 지나 나중에 의식이 분명할 때 하면 된다.

지금 당신이 가지고 있는 강한 믿음이 당신의 미래다

공포에 맞서서 공포를 무기로 싸움을 하면 안 된다.

공포에 대해서는 하느님의 존재와 하느님의 힘으로써 싸울 때 공포는 무력하게 되어 버린다.

'주님은 나의 생명력이다.'

'하느님을 믿는 나에게 공포 따윈 조금도 두렵지 않다.'

이처럼 마음속으로 속삭여 보라.

당신은 자기 자신에게 생긴 병으로 두려움을 느끼는가?

당신의 마음속에서 여러 가지 잘못된 생각이 위협적으로 작용할 수도 있다.

그렇다고 해서 용기를 잃거나 꺾여서는 안 된다.

그에 당당하게 맞서서 승리자가 되어야 한다.

자기 자신의 마음가짐에 의하여 모든 질병이 생기게 된다. 그것은 외부의 세계가 당신에게 가한 공격이 아니다.

당신의 육체를 창조한 하느님이 항상 당신의 병이나 상처를 치유해 준다는 것을 인식해 마음가짐을 바꾸어 놓아야 한다.

당신의 의식과 지성의 토대 위에서 이루어진 사고가 그대로 잠재의식에 투영될 때 당신의 상처나 질병은 치유될 수 있다.

당신의 미래를 결정하는 것은 현재 당신이 가지고 있는 강한 믿음이다.

상상의 적을 만들지 말라

"정말 그 메리 녀석 때문에 돌아 버릴 것만 같아! 그 녀석을 그냥 죽여 버리고 싶어!"

며칠 전에 한 젊은 여성이 나에게 호소를 했다.

"메리가 글쎄, 나에 대한 헛소문을 퍼뜨리고 있다고요. 나의 일을 빼앗기 위해 야단이 아니겠어요?"

그러나 실제로 사건이 진상은 아주 달랐다.

그녀는 스스로 마음속에서 메리에게는 없는 힘을 부여해 놓은 다음 자기 일이 방해를 받는다고 생각해 버린 것이었다.

물론 그녀가 마음속에서 생각하는 대로 책임이 메리에게 있는 것이 아니었다.

그녀는 나의 조언을 듣게 되자 갑자기 자기 생각은 모두 마음속의 상상에 지나지 않음을 알게 되었다.

그녀는 모든 것은 마음속에서 마음대로 상상한 환영에 불과하며, 공포가 불온한 행동으로 영향을 끼쳤음을 깨달았다.

당연히 공포라는 것은 자기 자신이 만든 것이었다.

그녀는 하느님의 소유인 지성의 검劍으로 자기 마음속에 도사린 공포를 몰아내기로 했다.

'하느님은 항상 나와 함께 존재한다. 하느님은 나의 마음속에 충만하고 나의 인생을 지배한다.'

이처럼 그녀는 마음속으로 기도를 반복했다.

메리로 인해 편두통·소화불량·불면증, 그리고 불안에 대한 원인이 만들어진 게 아니란 사실을 이해했다.

그녀를 움직일 수 있는 것은 오직 그녀 자신의 마음뿐이며, 힘으로 작용할 수 있다.

그 어떤 것도 그녀의 하느님에 대한 믿음과 선에 대한 추구를 방해할 수 없다.

그녀는 다시 정신의 건강을 찾고 기운을 회복하기 시작했다.

그녀는 다음과 같은 기도를 계속해서 중얼거렸다.

'하느님은 나의 생명 속에서 움직이며 나에게 아름다움과 평화, 그리고 조화를 선사한다. 나의 마음은 하느님의 빛으로 가득 차 있다. 나는 영원하신 하느님의 딸이다. 나는 하늘의 아버지인 하느님과 함께 존재한다. 하느님은 나를 내려다보며 사랑을 보내고 있다. 하느님은 나를 지켜보고, 또

한 나는 하느님을 향해 있다. 따라서 악의 그림자는 사라지고 밝은 빛이 나타난다.'

공포를 몰아내기 위한 기도

다음과 같은 기도는 공포를 몰아내기 위한 문구이다.

이것을 지속해서 반복한다면, 당신의 마음속에 안일이 찾아들 것이다.

'나를 통해 하느님의 사랑이 흘러나온다. 모든 것이 나에게는 훌륭하다'라는 상태와 하느님의 평화 속에 존재한다.

나를 둘러싼 하느님의 사랑에 의해 보살핌을 받는다.

나의 잠재의식과 마음속 깊은 하느님의 사랑이 새겨 있다.

나의 모든 생각과 말, 그리고 행위는 사랑을 통해 나타난다.

사랑은 내 마음속에 하느님이 충만케 하며, 모든 힘에 조화와 통일을 불어넣고 있다.

환희·평화·자유·축복·존경이 바로 사랑이다.

문을 활짝 열어 죄인을 풀어주는 것 또한 사랑의 힘이다.

나는 신의 사랑이 상징적인 모든 것에 사랑을 표시하고 부여한다.

나는 다른 사람의 마음속에 존재하는 신을 받들고 공경한다. 나는 지금 신의 사랑에 의해 변하고 있음을 확신하다.

내 마음속의 모든 것은 사랑의 힘으로 인도된다.

신은 사랑 그 자체이며, 그것은 나의 경험 속에 조화를 선사한다.

사랑으로 사는 것은 신 속에 존재하는 것과 마찬가지이다. 신은 그 사람 속에 존재하는 것이다.

유념해야 할 요점

① 정서적으로 결합한 것이 사랑으로서 그것은 대상을 필요로 한다.

② 증오·질투·분노 따위를 버려야지만 비로소 공포가 사라지게 된다.

③ 자기 자신에 대한 평가를 다시 한 다음 새롭게 계획을 세우도록 한다. 현재보다 훨씬 훌륭한 자기 자신을 사랑해야 한다.

④ 정신적·감정적으로 아름답고 순수하며 고귀한 신의 사랑을 굳게 결합해야 한다. 오로지 주님의 위대한 힘만을 믿는다.

⑤ 신에 대한 신뢰와 성실이 사랑이다. 악으로 향한 신앙이 바로 공포이다. 공포는 마음속의 그늘로서 사랑과 공존할 수 없다.

⑥ 항상 불안과 무력감 속에서 공포에 사로잡히기 쉬운 사람은 질투가 심하다. 신뢰와 사랑으로서 질투를 쫓아낼 수 있다.

⑦ 잠재의식은 수용하게 된 모든 것을 확대해 보인다. 사랑·확신·성실·선의·웃음을 수용하도록 한다.

⑧ 공포에 사로잡히게 되었을 때, 신은 아무것도 두려워하지 않으며 자신이 신과 같음을 확신한다면 공포는 쉽게 극복된다.

⑨ 당신이 마음속으로 공포를 수용하고 내버려 두지 않는 한 당신은 아무런 상처도 입지 않는다.

⑩ 당신이 마음을 제대로 다스리지 못하면 공포가 마음속으로 들어오게 된다. 당신의 마음속에 신의 진실과 사랑이 가득 차도록 해야 한다.

⑪ 실제로 정글에서 길을 잃고 헤매거나 혼란과 공포 속에서 허우적거릴 때,

신에 의해 구출된다는 것을 인식하도록 한다. 그러면 당신은 신의 도움을 받게 될 것이다.

⑫ 공포에 맞서 공포로써 대항해서는 안 된다. '신은 유일한 존재이며, 힘이다. 신과 더불어 존재하는 공포는 사라지고 만다.'라는 생각으로 공포와 당당히 맞서 대항하도록 한다.

⑬ 신이 지닌 지성의 힘으로 공포를 떨쳐 버리는 것이다.

⑭ '사랑 속에서 사는 사람은 신과 함께 존재하는 것이다. 바로 그 사람의 마음속에 신이 존재한다.'

15

이 세상은
상상력이 모든 것을 창조한다

These truths can change your life

나폴레옹은 "상상력에 의해 세계가 지배된다."라고 말했다.

헨리 워드 비처는 "상상력이 모자란 마음은 천체 망원경이 없는 천문대나 마찬가지다"라고 말하기도 했다.

"상상력이 모든 방향을 지시해 준다. 그것은 아름다움은 물론, 공정과 행복 등, 이 세상의 모든 것을 창조한다."

이것은 파스칼의 말이다.

생각을 만들어 내는 능력이 상상력이다.

상상력은 마음의 기본적인 작용이며, 아이디어에 색을 칠해, 지상이라는 스크린을 통해 나타난다.

상상력을 적극적으로 이용하고 길들인다면, 인생에서 소망하는 바가 이루어진다.

그러나 부정적으로 이용하면 곤란한 일만 일어난다.

마음속으로 깊이 생각하고 만들어진 상상은 잠재의식에 새겨지고 실현된다.

상상력은 유명한 과학자·의사·예술가·발명가·시인·건축가·학자에게 힘을 발휘하는 무기이다.

가령 사람들이, "그건 불가능한 일이다. 도저히 할 수 없다."라고 말한다면, 생생한 상상력을 지닌 사람은,

"아니야, 그건 가능해. 충분히 할 수 있다!"
라고 확신한다.

상상력은 신이 작용하는 바다이다

나는 캘리포니아주의 그렌달에 있는 페브코사社의 사장인 프렛 라이네케 씨로부터 편지를 받았다.

그의 뛰어난 상상력의 힘이 나의 주의를 끌었으므로 그의 양해 아래 소개하기로 한다.

1949년 우리 형제는 사업을 시작했다.

그런데 3개월 정도 지나 파산하고 말았다. 도저히 가망이 보이지 않았으므로 울음조차 나오지 않았다.

그러나 우리는 재기하기로 마음먹었다.

나는 마음속으로 전국에 판매원을 파견하는 대기업을 상상했다.

나는 마음속으로 반드시 꿈이 실현될 것임을 확신하면서 거대한 공장,

268

널찍한 사무실, 훌륭한 연구소를 상상해 보았다.

그때 당신은 나의 후원자가 되어 도움을 주었다.

내가 처음 당신을 방문했을 때, '사장님'으로 호칭해 줌으로써 내게 선물을 주었다.

당신은 교회에서 나를 몇백만 달러의 자본이 있는 기업의 사장으로 소개했다.

그때 나는 마음속으로는 사장이라는 직함을 나의 것으로 받아들일 수 없었다.

사실, 그 당시 형이 사장으로 있었으므로 내가 사장이 된다는 것은 생각지도 못한 일이었다.

그러나 나는 고심한 끝에,

'나는 신의 섭리대로 우리 회사의 사장이 된다.'

라고 확신하게 되었다.

나는 문에 내 이름과 사장실이라고 쓰인, 대단히 훌륭한 사무실을 상상해 보았다. 이것은 나에게 아주 적합한 자리라고 생각하기도 했다.

그다음은 다음과 같다.

처음에 부사장으로 있던 형이 자리에서 물러나게 되었고, 국회로 진출하게 되었다. 같이 일했던 누이동생도 다른 회사의 좋은 자리로 옮기게 되었다.

회사를 떠난 형제들은 모두 새로운 직장을 찾았다. 나는 우리 형제들이 신에 의해 인도되고 적합한 자리에 앉게 해달라고 기도했다.

그러므로 결과적으로 내가 사장이 되었다. 약 1년 전만 해도 전혀 불가능한 일로 여겼던 것이 실현된 것이다.

현재, 사업은 아주 순조롭게 돌아가며, 현실은 상상보다 훨씬 훌륭하게 이루어 졌다.

나는 당신이 말해 준 '상상력이 신의 작용하는 바다'라는 말이 진실임을 절실히 느끼고 있다.

교통사고로 중상을 입은 여성을 치유한 상상력

캘리포니아주 브렌트우에 사는 올리브 게이즈 박사는 신앙이 깊으며, 창조적인 상상력의 소유자인 헨리 워드 브리차의 후손이다.

친애하는 머피 박사님

저는 지금 이 세상에 없는 남편 할리와 드라이브를 하고 있었습니다. 선세트 거리에서 핸들을 돌리는 순간, 굉장한 폭음과 함께 자동차가 구르기 시작했습니다.

우리는 둘 다 정신을 잃고 말았습니다.

제가 깨어나 보니 주위에 경찰들이 보이고, 할리가 구급차에 실려 가고 있었습니다. 몽롱한 가운데서 저는 주치의의 주소와 전화번호, 그리고 평소에 기억하지 못했던 당신의 주소와 전화번호를 경찰에게 불러 주고 있었습니다.

저의 잠재의식이 말과 행동으로 나타났던 것입니다.

그리고 놀랍게도, 마치 주말 휴가로 우드랜드의 딸에게 간 가정부의 이름과 주소·전화 번호까지 경찰에게 알려 주었습니다.

이것은 분명히 잠재의식이 움직이는 증거로 보입니다.

저는 병원으로 옮겨졌습니다.

골반이 여기저기 부러졌다는 것입니다.

'불행하게도 이 사람은 회복되어도 걷지 못하게 될 거요.'

누군가의 말을 들었습니다.

그러나 저는 이런 장면을 상상하기 시작했죠.

저는 당신의 강연을 들으러 갑니다, 그러면 당신은 제게 손을 내밀며 이렇게 말합니다.

"정말 유쾌한 모습이군요. 그런 중상이 치유된 건 신의 기적입니다."

저는 신의 무한한 힘에 대해서 절대적인 신뢰를 하고 있었습니다.

저는 입원해 있는 동안, 사고가 일어나기 전과 다름없이 행동하는 나의 모습을 상상해 보았습니다.

항상 저는 이렇게 되풀이해서 기도했습니다.

'신이 지금 나를 치료하고 있다. 신이 나의 모든 뼈를 만들었다. 이제 나의 골반이 완쾌되어 자유자재로 움직일 수 있다.'

이윽고 제가 상상한 일이 현실로 나타났습니다.

저는 상상력을 통하여 신이 창조한 힘이 흘러나온다는 사실을 잘 알고 있습니다.

상상력으로 신경쇠약을 고친 부인의 편지

다음은 캘리포니아에 있는 F. 라이넷케 부인의 편지를 소개해 보겠다.

친애하는 머피 선생님.

저는 극도의 신경쇠약 증세로 카마리로 국립정신병원에 입원 할 수밖에 없었습니다.

저는 그 병원에 치료를 받는 동안, 나 자신을 살펴보고 있었습니다.

저는 자기 자신에 대해 잘 알게 되었고, 제 감정을 다른 사람의 감정과 항상 조화시키는 방법을 배웠습니다.

저는 반복해서 이렇게 중얼거렸습니다.

'내 영혼 속은 신의 사랑으로 가득 차 있다. 신이 나를 인도해 주리라.'

그러자 나의 증세는 어느 순간부터 조금씩 나아지기 시작했습니다.

신이 당신의 잠재의식에 관한 강연을 들을 수 있도록 저를 인도해 주고 있음을 느낄 수 있었습니다.

당신은 저에게 상상의 기적적인 힘을 강조했던 것입니다.

저는 마음속으로 기쁨에 넘쳐서 뛰어다니는 자신의 모습을 상상해 보았습니다.

하루에 몇 번씩 평정한 상태에서 남편의 성공으로 행복해진 모습을 그려보곤 했습니다. 남편의 사업이 번창하고 저를 사랑함으로써 행복해하는 모습을 상상했습니다. 그리고 자식들이 부지런하고 명랑한 학생으로서 목표대로 열심히 공부하는 모습을 상상했습니다.

저는 마음속에 평화와 기쁨에 넘친 인생의 그림을 새기면서 항상 그 속에서 생활했던 것입니다.

저는 선생님의 가르침대로 잠들기 전에 평화·행복·자유를 기도하는 저 자신을 상상했습니다. 저는 실제로 선생님의 웃는 얼굴을 보게 되었고, 소리도 들을 수 있었습니다.

그런 상상이 제게는 생생한 현실로 여겨지는 것이었습니다. 물론 마음에 그렸던 그런 모든 꿈은 현실이 되어 나타났습니다.

상상력으로 부富와 유명 인사가 된 사나이

아일랜드의 원탑圓塔:위를 둥글게 쌓아 올린 탑을 구경할 때, 교사로 보이는 사람이 홀로 생각에 잠겨서 천천히 걸어가고 있었다.

"당신은 무슨 생각을 골똘히 하십니까?"

나는 그에게 물었다.

다음은 그 사람의 말을 간추린 내용이다.

"나는 우리가 창조해 확장하는 이 세상의 위대한 아이디어에 관하여 많은 생각을 했다.

도대체 이 원탑의 돌들은 몇백 년 동안 여기에 그대로 있는 것일까? 이 돌들은 어떤 방법에 따라 어디에서 운반되었을까?

그러자 나의 상상력에 의해 이 돌의 역사가 옷이라도 벗겨지듯이 샅샅이 살펴지게 되었다.

나는 이 돌들은 지질학적인 측면에서 관찰하였다. 그러면 이 돌을 포함한 원탑을 이루는 모든 돌들의 역사가 밝혀지는 듯했다.

여기서 아일랜드인들의 역사가 분명하게 나타나는 것이다. 이것은 내 마음속에 있는 신의 상상력에 의해 가능한 일이다.

나에게는 이 탑에 살고 있었던 사람들이 보이기 시작하고, 그들의 소리가 들린다.

이 장소가 내 마음속에서 예전의 그 모습대로 되살아나는 것만 같다. 또한, 이곳에 원탑이 세워지지 않았던 그 당시의 모습들이 나타난다.

돌들을 깎아 다듬는 사람들과 그 돌을 나르는 사람들, 탑을 세운 목적과 탑을 세우는 사람들의 모습, 나에겐 이미 사라져 버린 고대 사람들의 발자국 소리마저 들리는 듯하다."

그는 그 지방의 원탑 연구가로 유명 인사가 되었다.

그리고 원탑에 관한 저술과 강연 활동으로 많은 수입을 얻을 수 있었다.

'모두 상상력을 활용함으로써 얻게 된 것입니다.'

그가 나에게 한 말이다.

상상력은 보석을 꺼내는 무한한 창고이다

텔레비전·레이더·라디오·제트기, 이 모든 현대의 발명품은 상상력으로 창조된다.

당신의 상상력은 잠재의식으로부터 음악·미술·시詩·발명發明이라는 귀중한 보석을 꺼내는 무한한 창고이다.

낡은 사원 등 옛날의 사적이 있는 장소에 가 보라.

거기에서 당신은 끊긴 역사의 기록을 찾아낼 수 있다.

당신은 황폐한 폐허 위에서 화려하고 장엄한 지난날을 상기할 수 있다.

예컨대 당신이 지금 가난에 허덕이고, 철창 속에 갇힌 몸이라 해도 당신은 상상 속에서 자유를 꿈꾸고 현실로 만들 수 있다.

시각장애인인 밀턴의 눈은 바로 상상력이었다

파리의 하수도 청소부인 치코는 햇볕 아래로 나갈 수는 없었지만 '제7 천국'으로 불리는 마음의 천국을 상상하고 그곳에서 살았다.

존 비니언은 감옥 안에서 위대한 걸작을 쓰기도 했다.

바로 그 유명한 《천로역정》이다.

그의 상상력은 크리스천, 페이스풀, 자이언트 데스페아, 호프풀 등의 인물들이 탄생했다.

그 속에는 우리에게 내재한 성격, 행동의 형태, 개성 등이 훌륭히 묘사되어 있다.

그들은 비록 창작으로 만들어진 사람들이지만, 그들의 분위기·신념·감정·재능·태도 등은 지금도 독자들 마음속에 생생히 살아 있다.

시각장애인이었던 밀턴은 마음의 눈을 가지고 있었다. 그의 머릿속은 상상력으로 가득 차 있었다.

그는 상상력으로 《실락원》을 탄생시킨 것이다.

밀턴은 신의 천국을 사람들 앞에 펼쳐 보였다.

밀턴의 마음의 눈은 바로 상상력이었다.

그의 신은 작업을 상상력으로 완성할 수 있었다. 때와 장소, 사건을 초월한 신의 진리를 분명히 보여 주었다.

잠재의식에 상상의 그림을 새겨 성공한 여류 작가

수년 전, 한 젊은 여성을 알게 되었다.

캘리포니아 대학의 졸업생인 그녀는 신앙심이 아주 깊었다.

'소설가가 되고 싶어요. 그러나 제 작품은 어디에서도 인정받지 못하고, 요즘은 쓸 때마다 또 되돌아오지나 않을까 하는 두려움에 앞서 아무런 창작 활동도 할 수 없답니다.'

그래서 나는 그녀에게 조언해 주었다.

'마음속으로 황금의 법칙에 따른 이야기를 지어 보십시오. 줄거리와 등장인물 모두가 당신의 정신과 예술성을 표현해 줄 것입니다. 자기의 작품이 독창적이고 흥미진진하며, 사람들의 심금을 울린다고 확신하고 창작 활동을 해보십시오.'

나는 그녀에게 잠들기 전에 자신의 성공을 축복하고 작품이 호평받아 기뻐하는 장면을 상상하도록 지시했다.

'그러면 당신의 잠재의식에 그 상상의 그림이 새겨지고 그대로 나타나게 됩니다.'

그녀가 마음속의 상상과 마음가짐을 새롭게 하자, 다음과 같은 흥미 있는 결과가 나타났다.

두 개의 잡지사에서 그녀의 작품을 실어 주기로 했다.

또 어떤 심리학자는 그녀에게 2,000달러를 제의하면서 원고를 의뢰해 왔다.

그녀는 아주 의욕적으로 창작을 하고 있다.

그녀로부터 이야기의 줄거리를 들은 출판사에 의해 책이 출간될 예정이라고 한다.

시인詩人의 시적詩的 상상력

언젠가 나는 뉴욕의 그리니치 빌리지에서 어떤 시인과 교류하게 되었다.

그는 크리스마스 때 아름다운 문구文句를 지어 카드에 인쇄해서 팔고 있었다.

그의 시 가운데 몇 편은 주옥같이 아름다운 내용을 담고 있었다.

'홀로 조용히 있으며, 자연스레 시구詩句가 솟아납니다. 시적 상상력이 나에게 다가와 자기들의 이야기를 들려주죠. 때때로 마음에 떠오르는 대로 쓰고 있으면, 그것이 시가 되고, 노래가 되고 자장가가 됩니다.'

그는 나에게 말했다.

항상 그는 자기의 시를 읽는 사람들이 깊은 감명을 받는 모습을 상상하고 있었다.

그는 이렇게 만들어진 시구를 넣어 인쇄한 카드를 팔아 많은 수입을 얻게 되었다.

상상력으로 해답을 찾아낸 연구원

몇 년 전, 젊은 화학자를 만나 이야기를 나누게 되었다.

그는 한 회사의 연구소에서 근무하고 있었다. 그곳에서 그의 선배들이 실패를 거듭했던 어떤 염료의 제조 방법을 연구하게 되었다.

그는 그 염료에 관한 한 아무런 지식도 없었다.

그러나 얼마 후, 그는 큰 어려움 없이 그 유기 염료와 합성에 성공하게 되었다.

깜짝 놀란 선배들은 그에게 비결을 물었다.

그의 대답은, 그것을 해결할 수 있다고 확신했을 뿐이라는 것이었다.

선배들이 계속해서 추궁하자, 그는 이렇게 털어놓았다.

"나의 마음속에서 해답이라는 빨간 색깔의 글자가 선명히 보였습니다.

그래서 새로운 유기 염료의 화학식化學式이 그 글자 속에 숨겨져 있고, 그것이 나의 잠재의식에 의해 발견된다고 상상했습니다. 드디어 사흘째 되던 날 밤, 완전한 형태의 화학 방정식과 그 유기 염료의 제조 방법이 꿈속에서 확실하게 보였습니다."

이런 성과를 올린 그는 회사에서 인정을 받아 젊은 나이에도 불구하고 선배들보다 먼저 높은 직위로 승진할 수 있었다.

상상력으로 아메리카를 발견 한 콜럼버스

누구나 콜럼버스의 아메리카 발견에 대해서 잘 알고 있을 것이다.

이 위대한 발견도 콜럼버스의 상상력에 의해 이루어질 수 있었다.

그의 상상력과 신에 대한 신앙심이 승리의 길로 이끌어 준 것이다.

한 선원이 그에게 질문했다.

"모든 희망이 다 사라 진다면 우리는 어떻게 합니까?"

콜럼버스는 이렇게 대답했다.

"밤이 지나고 태양이 비치면 이렇게 말하는 거야. 배여, 달려다오!"

그 속에 기도에 대한 열쇠가 들어 있다. 우리는 목적에 대하여 성실해야 한다.

목적을 향하여 한 발자국씩 확실히 내디디고 그 위에서 오직 목적만을 응시하는 것이다.

그런 다음, 분명하게 보이는 목적을 향해 전진하고 도달한다는 선언을 하는 것이다.

목적을 바라보고 느낄 수 있는 한, 거기에 도달할 길은 쉽게 찾을 수 있다.

과거를 현재로 재현시키는 상상력

고고학자나 고생물苦生物 학자들은 고대 이집트의 무덤을 연구하면서 상상력을 이용함으로써 몇 천 년 전의 당시 상황을 밝혀낸다.

이제는 사라져 버린 과거가 다시금 되살아나는 것이다.

과학자의 상상력은 고대의 유적이나 폐허를 대하는 순간 지붕이 있고, 뜰은 샘으로 둘러싸인 고대의 사원을 복원한다.

상상의 힘으로써 화석化石의 근육과 피부가 재생되고 벌떡 일어나 이야기를 하는 것이다. 과거가 현재에 재현되는 것이다.

우리는 상상력에 의해 시간과 공간도 초월할 수 있다.

상상력을 유익하게 활용하면 당신도 뛰어난 작품을 창작할 수 있다.

어느 미망인의 재혼

자식들도 전부 독립하고 노후를 외롭게 맞이하게 된 미망인이 있었다. 그녀는 다시 한번 이상적인 남편을 만나 재혼을 하기로 했다.

그리하여 그녀는 상상력을 최대한으로 활용하기 시작했다.

먼저 그녀는 결혼식의 주례로 나를 지목했다.

상상 속에서 나의 주례사를 듣고 축하의 꽃다발과 교회를 보았다.

결혼을 축복하는 음악 소리도 들려왔다. 또한, 손가락에 끼워진 결혼반지의 감촉과 그 빛을 실제로 느낄 수 있었다.

나이아가라 폭포에서의 신혼여행은 더할 나위 없이 달콤하게 느껴졌다.

얼마 후, 그녀는 샌프란시스코에 사는 딸과 사위의 초대를 받았다.

그들은 장모를 환영하는 파티를 열어 주었다.

파티에 참석한 그녀는 부유한 부동산업자를 소개받았다.

그 사람은 사위와 친분이 깊었으며, 근래에 부인을 잃었다고 했다.

그것이 계기가 되어 두 사람의 로맨스가 싹트고, 3개월 후에 결혼식을 올리게 되었다.

나는 그녀의 부탁에 응해 주례를 맡았다.

신혼여행은 나이아가라 폭포를 거쳐 유럽으로 가기로 했으니, 그녀가 상상한 그대로 된 것이다.

파리에서 보낸 그녀의 편지에는 이렇게 씌어 있었다.

'내가 상상하고 실감할 수 있었던 모든 게 이처럼 멋지게 실현되었다. 마음속으로 정성껏 상상하게 되면 이렇게 강력하고 기적적인 힘이 발휘된다는 사실에 무척 감동하고 있다.'

대학 입학금을 상상력에 의해 마련한 여학생

한 여고생이 어머니에게 다음과 같은 말을 들었다.

"대학에 진학하고 싶은 네 마음은 잘 알고 있지만, 고등학교를 졸업하면

취업하지 않겠니? 아버지는 일찍 세상을 뜨셨고, 엄마 혼자서는 네 가족의 생계를 책임지기가……. 너에게는 정말 안된 일이지만."

이 여학생은 주일 학교에서 나의 잠재의식의 힘에 관한 강연을 듣고 있었다.

그녀는 나의 "상상력으로 이상을 실현할 수 있다." 라는 말을 듣고 자기도 시도해 보기로 마음먹었다.

날마다 몇 번이고, 그녀의 마음속으로 아름답고 신선한 광경을 그려보곤 했다.

대학 학장으로부터 졸업장을 받는다, 모든 졸업생은 가운을 입고 졸업식에 참석한다 등등 그녀는 어머니가 "축하한다!" 라고 말하며 껴안아 주는 장면을 상상해 보았다.

그녀는 이런 모습을 계속해서 되풀이하는 동안 그것이 모두 실제로 느껴지며 감격까지 하게 되었다.

그녀는 자기 자신에게 다음과 같이 중얼거렸다.

'나의 잠재의식 속에 있는 창조적인 지성은 뛰어난 힘을 가지고 있다. 그것이 내 마음속에 그린 꿈을 실현해 준다.'

그로부터 몇 개월 지나서, 생각지도 않은 뉴욕의 돈 많은 숙모가 그녀의 18세 생일 축하금으로 3천 달러를 보내 왔다.

그녀는 숙모에게 기쁜 마음으로 정중한 감사의 편지를 썼다.

그 편지 속에는 다음과 같이 그녀의 어머니가 말한 내용도 들어 있었다.

'이 돈으로 어떻게 해서든지 네가 대학에 들어갈 수 있도록 해 보자.'

그러자 숙모로부터 대학 입학금 전액을 부담해 주겠다는 답장이 왔다.

그녀의 소망이 잠재의식에 의해 생각지도 못했던 방법으로 실현된 것이다.

"행운이 내게 날아와서 기쁨의 소용돌이 속으로 뛰어들어 춤추게 만듭니다."

이렇게 그녀는 말했다.

나중에 그녀는 대학을 우수한 성적으로 졸업했다.

이것은 상상력의 기적적인 힘을 증명해 보이는 좋은 사례이다.

상상력으로 어머니 병을 고친 소년의 힘

깊은 신앙심을 가진 14세 소년의 이야기를 들은 적이 있다.

소년은 곤란한 일 생길 때마다, 그리스도가 이야기해 주고 그 해답을 제시해 주며, 또한 좋은 방법까지 가르쳐 준다고 상상하기로 했다.

이 소년의 어머니가 중병에 걸리고 말았다. 소년은 고요 속에서 하루에도 몇 번씩 상상했다.

소년은 그리스도가 이렇게 말하고 있는 모습을 상상했다.

'네 길을 가거라. 어머니의 병은 낫게 된다.'

소년은 이러한 상상이 실제로 생생히 느껴질 때까지 정성껏 기도했고 이 소망이 반드시 이루어질 것이라는 확신을 했다.

그 후, 의사가 가망이 없으며, 약도 쓸 수 없다고 단념할 정도로 악화하였던 어머니의 병이 낫게 되었다.

소년은, 자기의 상상과 일체감을 느끼기에 이르렀다.

이처럼 믿음과 신앙심이 깊으면 반드시 바라는 대로 모든 게 이루어진다.

소년이 마음을 바꾸어 어머니의 건강한 모습을 상상함으로써 그의 잠재의식이 그것을 받아들여 어머니에게 전달된 것이다.

잠재의식은 상처나 병을 고치는 힘이 된다.

소년은 자신도 모르는 새에 잠재의식의 법칙을 활용하고 있었다.

소년은 실제로 그리스도의 목소리를 들을 수 있었다.

이 같은 신념에 의하여 그의 잠재의식이 작용할 수 있었다.

이것은 16세기에 파라크레더스가 다음과 같은 주장을 한 근거이기도 하다.

'당신이 믿는 대상이 올바른 것이라도, 혹은 그릇된 것이라도 당신은 항상 같은 결과에 이르게 된다.'

상상력을 활용하는 방법

① 생각을 만들어 내는 힘이 상상력이다. 모든 생각에 치장해서 이 세상의 스크린을 통해 보여 주는 게 상상력이다.

② 당신은 행복한 가정·결혼·여행, 그 무엇이든지 상상할 수 있다. 그리고 그것을 실제로 느낄 수 있게 되면, 마음속의 상상은 분명한 목적이 생기게 된다.

③ 바라는 대로 이루어진 자기 자신의 모습을 상상해 보라.
실제로 그 행위를 느낄 수 있어야 한다. 그러면 당신의 인생 속에 기적적인 일이 일어나게 된다.

④ 마음속으로 완전하고 올바른 자신의 모습을 상상해 본다.

훌륭한 배우자를 만나 좋은 집에서 행복한 가정을 꾸민 상상을 지속해서 하라. 그러면 당신의 인생에 기적이 일어나고 만다.

⑤ 상상력에 의한 마음의 눈으로 고대의 유적을 탐사할 수 있다. 그러면 생생한 상상력으로 그것을 되살려내고, 그 옛날 모습과 똑같이 복원할 수가 있다.

⑥ 상상력으로 텔레비전·제트기·라디오 등 현대의 모든 발명품이 생겨났다.

⑦ 위대한 작가들은 상상력을 활용해 걸작을 탄생시킨다. 유명한 셰익스피어, 밀턴, 비니언 같은 작가들도 마찬가지이다.

⑧ 당신의 작품은 독창적이고, 많은 사람의 호평을 받는다고 상상해 보라. 그리고 작가로서 성공을 거두고 모든 사람에게 축하를 받는 장면을 그려 보도록 한다. 이것을 습관적으로 길들이면, 그것이 잠재의식 속에 새겨져서 현실로 나타난다.

⑨ 자기가 지은 시나 노래가 뛰어난 작품이라는 상상을 반복하게 되면, 실제로 주옥같은 작품이 힘들이지 않고도 탄생하는 것이다.

⑩ 화학자는 복잡한 문제의 해답을 구할 때 심사숙고해 이미 해답을 알고 있다고 상상해 보라. 그러면 때때로 꿈속에 해답이 보인다. 이것은 잠재의식의 작용으로 일어나는 것이다.

⑪ 고고학자는 고대 유적으로부터 상상력으로 지붕과 뜰을 연못으로 둘러싸인 고대 사원의 모습을 재현해 낸다.

⑫ '나는 당신들을 부부로 선언한다.'라고 마음에 드는 목사가 당신과 당신의 이상적인 배우자를 앞에 두고 말하는 장면을 상상해 보라. 반드시 이상적인 상대자를 만나게 된다. 잠들기 전에 자기의 손가락에 끼워진 결혼반지의 촉감을 느끼고 상상하도록 한다. 그러면 잠재의식이 이른 시일 안에 그대로 체험하게 해 준다.

⑬ 마음속으로 자기 자신이 바라고 있는 모습을 아름답고 신선하게 그려본다. 그것이 현실로 여겨지며, 감동까지 하게 된다. 그러면 잠재의식은 당

신이 느끼고 상상한 그대로 수용한 다음, 현실로 나타나게 한다.

⑭ 당신이 사랑하는 사람이 이렇게 말하는 모습을 그려본다.

"악화하기만 하던 병이 깨끗이 나았습니다."

그러면 그 사람은 생기를 되찾게 된다.

당신이 사랑하는 사람이 활짝 웃고, 좋은 소식을 듣고 기뻐하며, 당신을 껴안아 주는 장면을 그려본다. 그러면 상상 속에서 느낀 그대로 이루어진다. 당신의 기도는 반드시 이루어지고 만다.

카네기 인생론

삶에 대한 모든 물음은 우리 스스로 체득할 수밖에 없을 것이다.

삶에 대한 어떤 설명도 우리 자신의 삶에 지침이 되기에는 어렵기 때문이다.

이 책은 막연한 설명이 아니라 구체적인 제시를 한다.

우리가 어디에서나 부딪히는 삶의 현장에서 함께 이야기하고자 하기 때문이다.

카네기 자서전

노동자들은 온정에 보답하려는 깨끗한 마음을 갖고 있다. 적어도 진실로써 다른 사람을 대하고 어떤 문제가 발생했을 때 성의를 다해서 전력한다면 그들이 사용자에게 어떻게 대할 것인가 하는 염려 같은 것은 할 필요가 없다. 그러므로 덕은 외롭지 않다. 덕을 베풀면 반드시 그에 대한 결과가 있기 때문이다.

카네기 출세론

이 세상을 살면서 주어진 삶에 충실하다는 것은 모든 이들의 소망이다. 그리고 가능한 모든 일을 이루어 낸다는 것은 유능한 사람들의 의무이다.

이 책은 유능한 사람들이 나아가야 할 바를 참으로 절실하게 제시해 주고 있다. 또 유능해지고자 하는 모든 이들의 삶을 위하여 봉사하고자 하고 있다.

신념의 마력

인간은 마음먹기에 따라서 세상의 모습을 바꾸어 놓을 수 있다.

인간이 지닌 많은 힘 가운데 가장 큰 힘이 마음의 힘인 것이다.

신념은 일상생활을 통하여 우리의 이상을 그려낼 수 있는 강한 추진력이다.

이 추진력을 바탕으로 우리는 우리의 생활을 삶을 뜻대로 이루어 갈 수 있다.

카네기 지도론

참다운 지도는 함께 나아가는 것이다. 무엇을 제시하거나 지시하기 전에 피지도자가 무엇을 하고자 하는가, 무엇을 할 수 있는가를 알아서 그것을 이끌어주고, 또 그것이 이루어지도록 함께 노력하는 것이다.

이 책은 무엇이 참다운 지도인가를, 즉 어떻게 함께 나아갈 것인가를 그려내 보여주고 있다.

머피의 100가지 성공법칙

인생에서 성공한 사람들을 보면 하나같이 이 잠재의식의 법칙을 실천했던 사람들이다. 만일 당신이 지금 충분히 행복하지 않고, 충분히 부유하지 않으면, 충분히 성공하지 못했다면 그것은 당신이 잠재의식을 충분히 이용하지 못하기 때문이다. 이 책에는 당신이 가고자 하는 성공의 길, 부자가 되는 길, 인생을 한것 즐길 수 있는 기술이 감추어져 있다.

카네기 대화술

올바른 언어의 선택은 의사소통을 보다 원활하게 한다. 훌륭한 대화는 인간행위의 가장 승화된 형태라고 할 것이다.

이 책은 청중을 향하여 효과적으로 이야기 하는 방법이 제시되어 있으며, 화술 훈련에 임하면서 경험한 실례를 중심으로 쓰여졌다. 현재를 출발점으로 당신은 효과적인 화술 방법을 통해 자신의 무한한 능력을 깨닫게 될 것이다.

머피의 마음만 먹으면 당신도 부자가 된다

당신이 만약 풍족하지 않다면 행복하고 만족한 생활을 결코 영위할 수 없을 것이다. 여기에 풍족한 삶을 누리기 위한 과학적인 방법이 있다. 당신이 성공·행복·번영이라는 달콤한 과일을 얻고 싶다면, 이 책에서 이야기하는 것을 정확하게 되풀이해 배우라. 그러면 당신의 앞날은 아름답고, 행복하고, 풍족하고, 고귀하고, 웅장하고 큰 규모로 펼쳐질 것이다.

카네기 처세론

최고의 처세라는 것은 우선 최선의 목표를 정하고 그 성취에 이르는 길을 갈고 닦는 것이다. 거기에다 자기를 세우고, 삶을 키워내 고, 세상을 이끌어 갈 수 있는 힘을 닦는 것이다.

이 책은 거기에 있는 불후불굴의 조언을 새 겨주고 있다.

머피의 잠자면서 성공한다

머피의 이론을 바탕으로 하면 자기가 바라는바 지위나 돈을 어떻게 얻을 것인가, 또 는 우호적인 인간관계를 어떻게 실현할 것인가를 터득할 수 있다. 따라서 이 책에 명시된 대로 따르기만 하면 당신은 인생 전반에 걸쳐 기적적인 효과를 얻을 수 있다.

머피의 인생을 마음대로 바꾼다

이 책 속에는 당신의 인생을 변하게 하는 마법과도 같은 방법이 제시되어 있다. 다시 말해 기적이라고 할 만한 이야기들이 가득 차 있다. 당신의 마음속에 내재하여 있는 마법과도 같은 잠재의식을 어떻게 사용해야만 당신이 인생에서 성공할 수 있는지. 흥미진진한 실례들을 통해 상세하게 알려주고 있다.

중국 상인의 성공하는 기질 74가지

미국, 일본의 뒤를 이어 세계 3대 경제 대국으로 뛰어오른 중국의 숨은 잠재력, 서서히 일본의 경제를 위협하는 존재로까지 급부 상한 그들에게 끈질긴 생명력과 강력한 경제력을 지닌 화교 사회는 중국의 비밀 병기였다. 그들이 성공하기까지 철저히 지켜지는 상인 정신의 기본자세를 배워 현재의 어려움을 극복하는 지혜를 배운다.

머피의 승리의 길은 열린다

당신은 이 책에서, '인생은 마음먹기에 따라 달라진다'라는 평범한 진리가 당신의 인생에 있어서 얼마나 중요한가를 실감하게 될 것이다. 이 책에 제시된 인생의 법칙을 읽고 그것을 당신의 인생에 응용하면, 당신은 당신의 인생을 건강하고 즐겁게, 그리고 유익하고 성공적으로 가꿀 힘을 얻게' 될 것이다.

유태상인의 지독한 돈벌기 74가지 방법

유대인들은 화교와 함께 세계 제일의 상인으로 손꼽히고 있다. 그것은 2천 년 동안 국가도 없이 흩어져 살면서 수없이 쏟아지는 박해와 압박을 견디며 일군 끈질긴 민족성의 승리였다. 그들은 열악한 환경 속에서도 자신들만의 독특한 상술을 발휘하여 오늘날 세계 경제를 좌지우지하는 지위에까지 오르게 된 것이다.

머피의 인생에 기적을 일으킨다

마음의 힘에 관해서는 많은 책 속에 여러 가지로 쓰여 있으나, 이 책에서는 당신의 모든 생활을 변환하기 위하여 이 힘을 어떻게 이용할 것인가, 건설적이며 성공할 수 있는 사고방식, 그리고 자신의 생활을 더욱 풍족히 할 방법 등을 기록했다.

백퍼센트 성공하는 방법

운명을 의식하는 것은 빈곤·좌절·불행 등의 위기에 봉착했을 때이다. 그러한 시기에 인간들은 마음의 불안을 회복시키는 역할을 운명에서 찾았고, 처한 입장 그 자체도 운명이라고 생각했다. 그러나 한 측면에서는 인간의 노력도 무시할 수 없다고 굳이 내세우고 있다. 넓게는 운명의 존재를 인정하면서도 그 범위를 벗어나 근면의 필요성을 역설하고 있는 것이다.

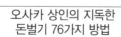

오늘 같은 내일은 없다

동화 속셈처럼 맑은 영혼을 가진 혜세가 열에 들뜬 내 눈동자에 가까이다가 와 옛 노래의 추억을 속삭여줍니다.
가장 달콤하고 이상적인 충고, 세월이 흐른 지금도 그의 이야기는 멋진 동화책처럼 우리 앞에 펼쳐져 생생하게 되살아납니다

임어당의 웃음

우리의 심리적 소질 가운데는 진보와 개혁을 저해하는 어떤 요소가 존재하고 있다. 즉 모든 이상을 웃어넘기고 죄악 그 자체조차 인생의 필요한 부분으로 보며 삶의 슬픔까지도 유머임을 발견한다. 중국인의 특성의 장단점이 흥미진진한 소재와 감동적인 문체로 전해지는 임어당 문학의 진수!

오사카 상인의 지독한 돈벌기 76가지 방법

오사카 상인의 13대 후손이며 미쓰비시 은행의 상무를 역임한 저자가 오늘날 일본 경제를 일군 오사카 상인들의 정신을 분석 수록했다. 무역일푼으로 출발하여 그들만의 돈벌이 노하우와 끈질긴 생존능력, 아이디어를 바탕으로 세계적으로 유명한 유대 상인과 어깨를 겨룰만큼 성장한 오사카 상인들의 경영 비법을 자세히 제시되어 있다.

인디언 우화

동물과 인간의 구분도 없고 생물과 무생물도 구별할 줄 모르는 그래서 어쩌면 첨단을 달리는 현대과학의 분위기와 맛을 그대로 간직한 채 우주 속에서 살았던 북아메리카 인디언들의 이야기들은 오늘날 잊혀버린 인간의식의 고향을 찾을 수 있는 오솔길이 될 것이다.

인생을 마음대로 바꾼다

1판 1쇄 인쇄 1997년 10월 10일
1판 1쇄 발행 1997년 10월 20일
3판 2쇄 발행 2014년 10월 10일
4판 1쇄 발행 2020년 08월 20일

지 은 이 조셉 머피
옮 긴 이 미래경제연구회 · 이선종
편집주간 장상태
편집기획 김범석
디 자 인 정은영

발 행 인 김영길
펴 낸 곳 도서출판 선영사
주   소 서울시 마포구 서교동 485-14 영진빌딩 1층
Tel 02-338-8231~2   Fax 02-338-8233
E-mail sunyoungsa@hanmail.net

등   록 1983년 6월 29일 (제02-01-51호)

ISBN 978-89-7558-362-9   13300